Harry Friebel

An den Nationalsozialismus erinnern

In Gedenken an meinen väterlichen Freund
Dr. Franz von Hammerstein

Harry Friebel

An den Nationalsozialismus erinnern

Entwicklung der Erinnerungskultur und zukünftige Perspektiven. Ein Essay

Verlag Barbara Budrich
Opladen • Berlin • Toronto 2023

Bibliografische Information der Deutschen Nationalbibliothek
Die Deutsche Nationalbibliothek verzeichnet diese Publikation in der Deutschen Nationalbibliografie; detaillierte bibliografische Daten sind im Internet über https://portal.dnb.de abrufbar.

Gedruckt auf FSC®-zertifiziertem Papier

www.budrich.de

ISBN 978-3-8474-2739-1 (Paperback)
eISBN 978-3-8474-1909-9 (PDF)
DOI 10.3224/84742739

Umschlaggestaltung: Bettina Lehfeldt, Kleinmachnow – www.lehfeldtgraphic.de
Satz: Anja Borkam, Jena – kontakt@lektorat-borkam.de
Druck: Books on Demand GmbH, Norderstedt
Printed in Germany

Inhalt

1. Einleitung

Fast 90 Jahre nach der politischen Machtübergabe 1933 in der Weimarer Republik an den späteren Reichskanzler Adolf Hitler: Während antifaschistische Forderungen wie „Nie wieder…" gerufen werden, passiert es.

- 2019: Schüsse auf die Tür der Synagoge in Halle (Saale).
- 2022: Schüsse auf die Tür der Synagoge in Essen.

Jüdische Gotteshäuser als Ziele eines rassistisch-antisemitischen Wahns in Deutschland – mehr als 75 Jahre nach Holocaust und Shoah. Das ist der Gipfel eines alltäglichen Antisemitismus, der nun, wie unter einem Brennglas, deutlich sichtbar wird. Nach dem Zweiten Weltkrieg hatte es bereits zahllose solcher Anschläge auf Juden, Jüdinnen und jüdische Einrichtungen gegeben. Die normative Holocaust-Erzählung „Nie wieder…" wird ad absurdum geführt.

Schalwa Chemsuraschwilli, Vorstandsvorsitzender der jüdischen Gemeinde in Essen, wertet den Anschlag auf die Synagoge als eine neue Stufe der Eskalation: „Die Gewaltspirale dreht sich. Früher gab es Schmierereien, dann Steinwürfe, jetzt sind es Schüsse mitten in der Stadt" (vgl. Greiner 2022).

Steffen Greiner, Journalist, weist nach dem Anschlag auf die Synagoge in Essen auf die potentielle Gefährdung jüdischen Lebens in Deutschland hin. Nur mithilfe einer stabilen Tür konnte Schlimmeres vermieden werden:

> „[…] wieder eine stabile Tür, als wäre die wichtigste Sicherheitsgarantie für jüdisches Leben in Deutschland eher solides Handwerk als die ewige Beteuerung eines ‚Nie wieder'" (ebd.).

Debora Amtmann, jüdische Feministin und Autorin, verweist nach dem Anschlag auf die Synagoge in Halle auf die Gegenwärtigkeit des Antisemitismus: „Nichts, was in Halle passiert ist, ist unfassbar oder unvorstellbar" (vgl. Amtmann 2019).

Die Zitate verweisen auf die Tatsache, dass antisemitische und rassistische Ressentiments in der jüngeren Geschichte der Bundesrepublik bereits eine Historie haben. Bereits in den ersten Jahren nach der deutschen Wiedervereinigung führten zahllose rechtsterroristische, rassistische und antisemitische Gewaltexzesse zu neuen Ängsten: „Zwischen 1991 und 1993 begingen Extremisten insgesamt rund 4500 gewalttätige Angriffe auf Flüchtlinge, Zuwanderer und Juden, bei denen 26 Menschen ermordet und 1800 verletzt wurden“ (Eder 2020, 260). Es ist die Wiederkehr der „hässlichen Deutschen“, denen wir z. B. in Hoyerswerda, in Mölln, in Rostock-Lichtenhagen und anderswo begegnen.

Mit meinem Beitrag zur NS-Erinnerungskultur will ich im Sinne eines unvollständigen Essays auf Verschränkungen von individueller und kollektiver Problematik, auf den Zusammenhang von NS-Geschichte und Gegenwart, auf die Perspektiven der Täter und Opfer hinweisen.[1]

Leitend ist für mich der Versuch der Antwortfindung auf die Doppelfrage: Was war der Holocaust damals und wie wirkt der Holocaust heute noch? Zur Beantwortung dieser Frage müssen wir uns öffnen für die Logik der Subjekte (Individuen gestalten ihr eigenes Leben auf der Grundlage ihrer Entscheidungen und Handlungen innerhalb ihrer eigenen Möglichkeiten) als auch für

---

1 Der Umgang mit dem Themenkomplex „Erinnerungskultur“ ist grundsätzlich aus interdisziplinärer Perspektive zu führen. Motivationen, Gewichte, Bedeutungen und Interessenlagen sind immer vielfältig, gegensätzlich und auf verschiedenen Ebenen zu lokalisieren. Wir fragen daher auch nach den „Beziehungsgeschichten“ (vgl. Zernack 1976) der früheren Kriegs- bzw. Konfliktbeteiligten im zwischennationalen, nationalen und im Täter-Opfer-Kontext. Die politische Dimension des zu Erinnernden wird aber häufig „entnannt“ (Eschenbach 2005, 59), womit das Gegenteil von „benannt“ gemeint ist. Z.B. lesen wir in der Inschrift der Neuen Wache in Berlin: „den Opfern von Krieg und Gewaltherrschaft“ (vgl. Moller 1998). Dies kann als Versuch interpretiert werden, die „Geschichte still zu stellen“ (Berek, 2008, 84). Erinnern ist dann nur noch ein sakraler Akt: „Erinnerungskultur ist Ziel und Werkzeug politischen Handelns […]. Sie hat die Herstellung der Kohärenz der Gesellschaft zum Ziel“ (Berek 2008, 74). Das ist „Versöhnungskitsch“ (vgl. Hahn u.a.2008). Deshalb ist es bedeutsam, dass die Interpretation der Beziehungsgeschichten zwischen den ehemaligen Kriegs- und Konfliktparteien unter Einschluss zivilgesellschaftlicher Aktionsgruppen erfolgt.

die Logik der Gelegenheitsstrukturen[2] (der Lebenslauf der Individuen ist sowohl eingebettet als auch berührt durch die historische Zeit und ihre Ereignisse) in der Vergangenheit und Gegenwart. Auch die NS-Diktatur muss also doppelt gelesen werden: Sowohl in der Subjekt- als auch in der Strukturperspektive. Jedoch sind individuelle Lebensläufe und Relevanzstrukturen von subjektivem Sinn in der NS-Forschung bislang eher unterbelichtet, unsystematisch aufgearbeitet bzw. nur als Subtexte identifizierbar; anders als die Strukturen der Gesellschaft, die als offizielle Beiträge zur Geschichtsschreibung verfügbar sind.

Schließlich fokussiere ich die Wechselseitigkeit von Täter- und Opferperspektive innerhalb der NS-Diktatur und im Leben der Betroffenengeneration und ihrer Nachkommen in der multikulturellen Moderne.[3] Auch diese Doppelperspektivität der Täter und der Opfer auf der einen Seite sowie die neue Komplexität der modernen deutschen Gegenwart als Einwanderungsland und seit mehr als dreißig Jahren inklusive dem Gebiet und der Be-

---

2 Gesellschaftliche Strukturen und individuelle Praxen gehen ein Verhältnis ein, was vergleichbar ist mit dem Verhältnis von Hintergrund und Figur. Hierbei können sich strukturelle Lenkung und individuelles Handeln gleichzeitig – und durchaus auch manchmal widersprüchlich zueinander – realisieren. Ich berufe mich hierbei auf die Grundlagen der Life-Course-Theory in Elders berühmter Studie „Children of the Great Depression“ in der ersten Hälfte des 20. Jahrhunderts. Elder entwickelte dort eine Theorie mit grundlegenden Prinzipien zur Einheit von Individualisierung und Institutionalisierung innerhalb der gesamten Lebensspanne, zur Gleichzeitigkeit der Logik des Subjekts und der Logik der Struktur (vgl. Elder 1974) im Lebenslauf.

3 In Deutschland verfügt 2022 mehr als ein Viertel der Bewohner_innen über einen Migrationshintergrund (vgl. bpb, 2022a). Damit liegt es nahe, von einer multikulturellen Einwanderungsgesellschaft auszugehen. Die gesellschaftliche Haltung zu integrations- und migrationsspezifischen Themen ist nach statistischer Datenlage überdurchschnittlich positiv. Das SVR-Integrationsbarometer (IB) misst das Integrationsklima im Einwanderungsland Deutschland. Der aktuelle Integrationsklima-Index (IKI) von 2022 hat sich gegenüber der letzten Erhebung von 2019/20 insgesamt wiederum weiter verbessert. Er erhebt Einschätzungen und Einstellungen zu integrations- und migrationsspezifischen Themen (vgl. SVR 2022).

völkerung der ehemaligen DDR[4] auf der anderen Seite, lässt sich nicht in die Form einer geschlossenen Erzählung bringen. Mit meinem Ansatz ziele ich auf die Ermöglichung einer achtsamen NS-Erinnerungskultur der Zukunft – damit das Erinnern nicht zum bloßen Brauchtum degeneriert. Dabei betrachte ich auch meine eigene Herkunft und meinen eigenen Lebenslauf als Schlüssel zum Verständnis des Nationalsozialismus.

Die geschichtspolitische Frage, wie es zu dem erstaunlich schnellen Vollzug der faschistischen Diktatur in Deutschland (1933-1945) kommen konnte, wird von mir ebenso wie die Frage nach den dominanten gesellschaftlichen Auseinandersetzungs- und Bewältigungspraxen in Deutschland nach 1945 in verschiedenen und auch kontroversen Diskurssträngen behandelt. Ich beschäftige mich mit beiden Fragen in eigener systematischer Absicht – ohne dabei auch nur andeutungsweise einen generalisierenden Interpretationsansatz zu beanspruchen. Im Zentrum meiner Überlegungen steht der Aspekt der Vergangenheitsvergegenwärtigung im Hinblick auf die frühere (was war?), die gegenwärtige (was ist?) und die zukünftige (was wird?) NS-Erinnerungskultur in Deutschland.

Die folgende Arbeit gliedert sich in vier Hauptkapitel. Im ersten Kapitel (2.) ziele ich auf eine exemplarische Analyse des NS-Staates hinsichtlich zweier prototypischer Gestaltungsbedingungen und seiner Wirkungsweisen: Die politisch-ideologische „Gleichschaltung“ der Bevölkerung und die „Euthanasie“ als Krankenmord (vgl. Arendt 1986). Zentrale Triebfeder der nationalsozialistischen Bewegung war die alternativlose Einschwörung der „deutschen" Bevölkerung als nationalsozialistische „Volksgemeinschaft“ auf eine dominante, in sich geschlossene Ideologie bzw. hegemoniale Wertegemeinschaft.

Die zweite von mir hinzugezogene Gestaltungsbedingung stellt die Vorwegnahme systematischer Massenvernichtung durch „Euthanasie“ als Krankenmord dar. Ich hebe „Gleichschaltung“ und „Euthanasie“ als korrespondierende Politiken der Auslöschung und Vernichtung von Verschiedenheit, von Diversität, von Individualität hervor. Zudem ist die „Euthana-

4 Die NS-Erinnerungskultur in der DDR erörtere ich hier nicht in besonderer Weise. Als Einstieg in dieses Thema empfehle ich: Birgit Müller, Erinnerungskultur in der DDR, in: bpb 26.8.2008.

sie“ ein zentrales Lehrstück über den bereits frühen NS-Zivilisationsbruch der Massenvernichtung.

Im zweiten Kapitel (3.) diskutiere ich in drei Lesarten die Wirkungsweisen des Nationalsozialismus auf die Nachkriegsgesellschaft – also die Nach-Holocaustgeschichte in Deutschland bis zum heutigen Tage. Dabei eröffne ich dieses Kapitel mit einem Textauszug, in dem jüdische Zeit- und Augenzeugen unmittelbar nach Kriegsende über ihre (Über-)Lebensschicksale in der NS-Diktatur berichteten. Die drei anschließenden Lesearten der NS-Wirkung in der BRD bzw. in Deutschland zielen auf verschiedene Erinnerungsebenen und -qualitäten. Realitätsverweigerung und Vergangenheitsvergegenwärtigung werden jeweils exemplarisch analysiert: Auf der regierungspolitischen Handlungsebene (Makroebene), auf Prozesse von Vergessen und Erinnerung im zivilgesellschaftlichen Interaktionsfeld (Mesoebene) und auf individual- sowie familienbiografische NS-Geschichtsbilder (Mikroebene) – inklusive Familiengedächtnis.

Das dritte Hauptkapitel (4.) führt ein in einen Diskurs über intergenerationelle Weitergaben der latenten Wirkungskräfte des Nationalsozialismus. Die Kinder und die Enkelkinder der im Zweiten Weltkrieg durch den Faschismus geprägten Geburtskohorten treten eine immaterielle Erbschaft in Form von „Gefühlserbschaften“ an. Diese „Erbschaften“ prägen die Lebensläufe der Nachkommen – dafür brauchen wir ein Verständnis, um NS-Erinnerungsarbeit erfolgreich zu gestalten.

Das vierte Kapitel (5.) leitet – vor dem Hintergrund der Überlegungen der vorausgegangenen Kapitel – in die Diskussion über eine mögliche NS-Erinnerungskultur der Zukunft als Erinnerungsarbeit ein. Hier ziele ich auf eine Verschränkung von eher theoretischen Positionen zur Erinnerungskultur mit unmittelbar auto- bzw. familienbiografischen Projekten. Dieses vierte Kapitel ist bewusst unabgeschlossen. Es ist eine Einladung zum Brückenschlag zwischen verschiedenen Theorien, Konzepten und Ansatzpunkten.

Den vier Kapiteln folgen drei Anhänge. Erstens: eine Darstellung früher (seit 1933) Verbündeter des Nationalsozialismus im „Dritten“ Reich. Zweitens: eine kurze Dokumentation über ausgewählte prominente Personen des öffentlichen Lebens, die sowohl in der NS-Diktatur als auch in der BRD bedeutenden

Einfluss bis in die 1960er Jahre hatten. Drittens: Eine kleine Reminiszenz auf Demokratisierungssignale der 68er Studentenbewegung.

2. Vom Straßenterror zum Staatsterror[5] und Krieg

In einer Sammlung von Essays zum wissenschaftlichen Umgang mit dem Holocaust prägte der Sozialpsychologe Harald Welzer, unter Berufung auf die Philosophin Hannah Arendt (1986), den erinnerungspolitischen Leitsatz „Verweilen beim Grauen ist unerlässlich“. In Übereinstimmung mit Welzer und Arendt frage ich in kompakter und exemplarischer Weise: Was war der Holocaust 1933 -1945 und wie wirkt der Holocaust heute? Was wird morgen sein?

Mit dem Regierungsauftrag durch Reichspräsident Hindenburg an das Kabinett Hitler-Hugenberg-Papen am 30.01.1933, vor 90 Jahren, wurde der alltägliche Straßenterror der vorausgegangenen Jahre zum Staatsterror. Ich spreche übereinstimmend mit dem Historiker Ulrich Schneider von „Machtübertragung“ und nicht von „Machtergreifung“, um herauszustellen, was wirklich war: „eine Machtübertragung an die faschistische Bewegung, eine Machteinsetzung ohne Parlamentsvotum und ohne Mehrheit im Reichstag, die aber unter Missbrauch der Notstandsregeln der Weimarer Verfassung vollzogen wurde“ (Schneider 2023, 17).

Straßenschlachten, Saalschlachten und politische Morde bestimmten in den letzten Jahren der Weimarer Republik den Alltag. Marodierende Freikorps und SA-Schlägertrupps suchten insbesondere gegen kommunistische, sozialistische und gewerkschaftliche Gruppierungen mit der Macht der Straße den Umbau der Weimarer Republik im Sinne einer autoritären Herrschaft zu erzwingen. Zudem hatte sich durch die Weltwirtschaftskrise der Anteil der Arbeitslosen an den Erwerbspersonen in der Zeit von

5 Bezugnahmen zu zeitgeschichtlichen Prozessen vor der „Machtübertragung“ (Schneider 2023, 17) an die Regierung Hitler (30.1.1933) dienen, wie allgemeine historische Anmerkungen und Überlegungen zur NS- Diktatur selbst (1933-1945) und zur Holocaust-Nachgeschichte in Deutschland, meiner leitenden Frage nach Vergangenheitsvergegenwärtigung und NS-Erinnerungskultur.

1928 (8,4 %) bis 1932 (43,7 %) mehr als verfünffacht (vgl. Statistisches Jahrbuch 1939). Diese Phase von Gewalt und Terror einerseits und Massenarbeitslosigkeit mit fürchterlicher Armut andererseits generierten eine zunehmende Bereitschaft der Bevölkerung für „law and order"-Positionen. Wesentlich für das Ende der parlamentarischen Weimarer Republik war auch die steigende Zustimmung rechtsnationaler Kräfte zum Führerprinzip seitens der Wehrmacht, des Finanz- und Industriekapitals (insbesondere der Schwer- und Rüstungsindustrie, z.B. Krupp) und großen Teilen der evangelischen Kirche („Deutsche Christen"[6]).

Bei der Reichstagswahl im September 1930 wählten 6.379.677 Personen (18,3 %) die Nationalsozialistische Arbeiterpartei (NSDAP). Bei der Reichstagswahl im Juli 1932 votierten bereits 13.745.680 Personen (37,3 %) für die NSDAP. Wenige Monate später, im November 1932, war der Anteil der NSDAP-Wähler_innen mit 33,1 % (11.737.021 P.) wieder etwas niedriger als bei der Vorwahl. Im März 1933 – Hitler war bereits fünf Wochen Reichskanzler – fand eine neue Reichstagswahl (die keine Wahl mehr zuließ) statt: Im Vergleich zur Vorwahl 1932 erhielt die NSDAP fünf Millionen mehr Stimmen und erhöhte ihr Wahlergebnis um 10,8 %. Führende Sozialdemokraten und Kommunisten waren zu diesem Zeitpunkt bereits verhaftet und in Konzentrationslager deportiert. Kommunistische und sozialdemokratische Zeitungen durften tagelang nicht erscheinen, zudem wurden oppositionelle Wahlplakate überklebt und praktisch jegliche politische Opposition unterdrückt. Die am 29. Februar 1933 von Hindenburg erlassene „Verordnung des

6 Die „Deutschen Christen" (DC) waren eine gewichtige rassistische, antisemitische und am Führerprinzip orientierte Strömung im deutschen Protestantismus, die diesen von 1932 bis 1945 an die Ideologie des Nationalsozialismus angleichen wollte. In Opposition zu den DC gründete sich die „Bekennende Kirche". In einer Biografie über Leo Baeck, den Rabbiner und Präsidenten der Juden in Deutschland zur Zeit der nationalsozialistischen Herrschaft, schrieb Michael A. Meyer, Historiker für jüdische Geschichte, dass Baeck „einige tiefe Wurzeln des Nationalsozialismus in der herrschende Religion freilegte" (Meyer 2021, 97).

Reichspräsidenten zum Schutz von Volk und Staat" („Reichstagsbrandverordnung") setzte die Grundrechte außer Kraft.[7]

Wir können fragen: Warum gab es keinen Generalstreik von den Gewerkschaften, von der Arbeiterbewegung? Warum gab es keinen öffentlichen Aufschrei der christlichen Kirchen (zu Beginn des NS-Staats waren ca. 95 % aller Einwohner Mitglied einer christlichen Kirche) von den tausenden Kanzeln im Reich? Die an dieser Stelle noch oberflächliche Antwort lautet: Es gab in der Arbeiterbewegung und in den Kirchen[8] keine Mehrheiten (mehr) gegen den faschistischen Staat. Und: Der Übergang vom Straßenterror zum Staatsterror war bereits im vollen Gange. Dieser NS-Staatsterror vollzog sich „vor allen Augen" (Schneider 2023, 18) hegemonial im Sinne einer totalen Institutionalisierung der Ideologie des Nationalsozialismus. Ideologische Kernelemente waren dabei – im Kontext von Führerprinzip und Rassismus – meines Erachtens:

- Der Runderlass vom 22. Februar 1933 des Reichskommissars für das preußische Innenministerium, Hermann Göring, über die „Förderung der nationalen Bewegung": Hier wurde den Verbänden der SA, der SS und dem Stahlhelm polizeiliche Funktionen – die auch den Schusswaffengebrauch einschlossen – übertragen (Schneider 2023, 94).
- Das Gesetz zur Wiederherstellung des Berufsbeamtentums vom 7. April 1933, kurz „Berufsbeamtengesetz" (BBG): Es zielte auf eine Entfernung von Jüdinnen und Juden, Menschen jüdischer Herkunft sowie politisch oppositionellen Personen aus dem Staatsdienst (vgl. Mommsen 1966).
- Das Reichskulturkammergesetz vom 22. September 1933: Das Hauptziel der Reichskulturkammer war die staatliche Organisation

---

7 Bereits im März 1933, also unmittelbar nach dem Machtantritt der Nationalsozialisten, gab es sogenannte wilde Konzentrationslager zur Ausschaltung politischer Gegner.

8 Der US-amerikanische Soziologe Talcott Parsons schrieb dazu 1964 bezüglich der lutherischen Kirche erhellend: „Die lutherische Kirche und die lutherische Geistlichkeit waren organisatorisch wohl enger mit dem Regime verbunden als irgendeine andere christliche Kirche in der Neuzeit – die lutherische Kirche in Preußen war nicht nur die Staatskirche, sondern der Pfarrer war auch ein direkter Beamter, der gleichzeitig die Oberaufsicht über das öffentliche Schulwesen ausübte" (Parsons 1964, 263).

und Überwachung bzw. Kontrolle des Kulturbereichs. Demnach diente die Reichskulturkammer der Gleichschaltung der Kultur, um alle gesellschaftlichen Bereiche zu kontrollieren. Jede öffentliche kulturelle Betätigung bedurfte nach Maßgabe des Gesetzes der Zustimmung durch die Reichskulturkammer.

Die sozial, kulturell und politisch vielfältige deutsche Gesellschaft der Weimarer Republik wurde auf eine hegemoniale „Volksgemeinschaft" reduziert: Sie wurde umgestaltet, uniformiert, gleichgeschaltet –gegen jede Transkulturalität. Zu diesem Zweck sollte jede_r Deutsche – bei Ausschluss von Juden, Jüdinnen und Oppositionellen – in die NS-Massenorganisation eingebunden werden. Diese „Gleichschaltungs"-Ideologie führte zu brutalen Repressionen außerhalb jeder Rechtsnorm gegen „Andere" auf der einen Seite und zu zigtausenden „Selbstgleichschaltungen" – insbesondere im bürgerlichen Vereinswesen – auf der anderen Seite.

Die beschriebene Trias aus Runderlass, BBG und Reichskulturkammergesetz generierte in nahezu allen organisierten Gemeinschaften bzw. im gesellschaftlichen Alltag einen Ausschluss von Juden und eine Uniformierung von Leitungsstrukturen im Sinne des „Führer"-Prinzips: Eine gleichgeschaltete Gesellschaft.

Millionen Deutsche verstrickten sich in diesem Gleichschaltungs-Modus in der Blut-und-Boden-Doktrin der NS-Diktatur. Millionen Deutsche identifizierten sich dank dieser Staats- und Volksgemeinschaftsnormen mit den Größenfantasien ihres „Über-Vaters" Hitler. Mit dem staatlich gelenkten Boykott jüdischer Einrichtungen am 1. April 1933 fand eine erste reichsweite öffentliche Massenrepräsentation von Macht statt: SA-Männer standen vor Geschäften und Praxen und zeigten Transparente, auf denen stand: „Deutsche! Wehrt euch! Kauft nicht bei(m) Juden! – Die Juden sind unser Unglück!". Wehrhafte Gegendemonstrant_innen wurden verprügelt – auch zu Tode geprügelt.

Die Lehrerin und evangelische Christin Dr. Elisabeth Schmitz[9] erlebte in Berlin diesen Terror und diese Gewalt. Sie

9 Elisabeth Schmitz ist nicht geführt unter den etwa tausend „gelisteten" Widerstandskämpfer_innen gegen den Nationalsozialismus in Wikipedia (Wikipedia 2023). Zu Silvester 1938 beantragte sie

registrierte und sammelte Berichte, Informationen über die Judenverfolgung und schrieb 1935 eine circa zwanzigseitige Denkschrift „Zur Judenfrage". Die 200 Exemplare verteilte sie anonym für den innerkirchlichen Diskurs:

> „Im Namen von Blut und Rasse wird seit stark zwei Jahren die Atmosphäre in Deutschland unaufhörlich planmäßig vergiftet durch Hass, Lüge, Verleumdung, Schmähungen niedrigster Art in Reden, Aufrufen, Zeitschriften, Tagespresse, um die Menschen zu willigen Werkzeugen dieser Verfolgung zu machen [...] Wer ruft unsere Gemeinden und unser Volk zurück zu dem, nachdem alles Christentum sich nennt. Zu dem, der seiner Kirche gerade den Samariter, den ‚artfremden' verachteten ‚Mischling' als das große Beispiel der Barmherzigkeit, des praktischen Christentums hinstellt? Zu dem, der gesagt hat: liebe deinen Nächsten wie dich selbst" (Gailus 2010, 225 u. 231).

Elisabeth Schmitz war eine Widerstandskämpferin. Ihrer Denkschrift folgte offensichtlich keine Reaktion. Nach der Reichspogromnacht am 9. November 1938 schrieb sie einen wütenden anonymen Widerstands-Brief an Pfarrer Helmut Gollwitzer in Berlin. Sie forderte ihn zu einem öffentlichen Gottesdienst für das Judentum auf:

> „als wir zum 1. April 33 schwiegen [...] zu der satanischen Hetze der Presse, zur Vergiftung der Seele des Volkes und der Jugend, zur Zerstörung der Existenzen und der Ehe durch sogenannte ‚Gesetze', zu den Methoden von Buchenwald – da und tausendmal sonst sind wir schuldig geworden am 10. November 1938 [...]. Ich bin überzeugt, dass [...] mit dem letzten Juden auch das Christentum aus Deutschland verschwindet" (Gailus 2010, 255).

Elisabeth Schmitz war eine anonyme Widerstandskämpferin.

Die Leitziele Hitlers (ab 1933 Reichskanzler und seit August 1934 auch Reichspräsident), gegen die sich Elisabeth

---

bei der Schulbehörde in Berlin ihre Frühpensionierung mit der Begründung, dass sie wegen „dauernder Gewissenskonflikte" ihren Unterricht bei „rein weltanschaulichen Fächern – Religion, Geschichte, Deutsch [...] wie ihn der nationalsozialistische Staat von mir erwartet und fordert" nicht mehr durchführen könne. Dem Antrag wurde mit Schreiben vom 31. Januar 1939 stattgegeben (Gailus 2010, 126).

Schmitz' Denkschrift wandte, konnte jede_r in seiner ideologischen Programmschrift „Mein Kampf" (vgl. Hitler 1925) lesen:

- Kriegerische Eroberung von neuem Lebensraum für Deutschland im Osten
- Antisemitische Hetze gegen die von ihm sogenannte jüdische Weltverschwörung
- Die nationalsozialistische Bewegung mit dem Slogan Rassenkampf statt Klassenkampf

„Im ewigen Kampf ist die Menschheit groß geworden – im ewigen Frieden geht sie zugrunde" (Hitler 1925, 72). Die Tötungsnotwendigkeit und Tötungsfähigkeit sind eingeschrieben in eine tötungs- und vernichtungsfixierte Ideologie des Nationalsozialismus durch deutsche Männlichkeit dieser faschistischen Epoche. Das Kampfkonzept des „frühen" Hitlers: „Wer den Kampf nicht besteht, hat sein Leben verwirkt" (Hitler 1925, 69).

Dieser Diktator wird in der Folge von der überwiegenden Mehrheit der Deutschen vergöttert. Eine Apotheose, eine Vergöttlichung, die nur als rückbezügliche Selbsterhebung der Deutschen über andere Völker und Nationen begriffen werden kann: „Arier" in der nationalsozialistischen Diktatur als deutsche Heldengeschichte.

Am 20. April 1939 wird Hitlers 50. Geburtstag im „Dritten Reich" gefeiert. Rund eine Million Deutsche sprechen im ganzen Reich zeitgleich auf öffentlichen Plätzen dieselbe Eidesformel: „Ich schwöre Adolf Hitler unerschütterliche Treue, ich schwöre ihm und den Führern, die er mir bestimmt, unbedingten Gehorsam" (Bendikowski 2022, 203). Und Rudolf Hess, Reichsminister Hitlers, ergänzte bei einer dieser Versammlungen in Berlin:

> „Herrgott, sei auch fernerhin mit unserem Volk. Wir wollen uns mühen, mit all unseren Kräften würdig zu sein dieses Segens. Wir wollen uns mühen, mit all unseren Kräften würdig zu sein des Führers, den du uns gesandt" (ebd.).

Millionen Deutsche zelebrierten, gleichgeschaltet, diese Hitler-Verehrung. Allein die ihm zu Ehren inszenierte Militärparade von mehreren Stunden auf Berlins Straßen wurde von Hunderttausenden frenetisch bejubelt. Hitlers Propagandaminister schrieb in sein Tagebuch:

> „Parade vor dem Führer. Sie dauert fast 5 Stunden. Unsere schwerste Artillerie wird zum ersten Mal gezeigt. Alles ist maßlos erstaunt und verblüfft […] So also stehen wir da. Im gleißenden Sonnenlicht leuchtet die Siegesgöttin. Ein wunderbares Vorzeichen“ (Bendikowski 2022, 188).

Hitler wurde Ich-Ideal; Ich-Ersatz für Millionen Deutschen.

Im Oktober 1939 – also ca. ein halbes Jahr später – unterzeichnete Hitler auf seinem privaten Briefpapier eine Ermächtigung zum Krankenmord („Euthanasie“):

> „Reichsleiter Bouhler und Dr. med. Brandt sind unter Verantwortung beauftragt, die Befugnisse namentlich zu bestimmten Ärzten so zu erweitern, dass nach menschlichem Ermessen unheilbar Kranken bei kritischer Beurteilung ihres Krankheitszustandes der Gnadentod gewährt werden kann“ (Trus 1995, 99).

Gewalt, Terror und Vernichtung können prototypisch für den rassistischen Zivilisationsbruch (vgl. Diner 2000) des NS-Staats nachgezeichnet werden.

Zur Historie der Diskurse zum Krankenmord: In der Zeit des Übergangs vom 19. zum 20. Jahrhundert grassierten wissenschaftlich eingefärbte Ideologien über den „Arier“ als überlegene „Rasse“ (vgl. Plötz 1895). Die NS-Ideologie übernahm diese These als Teil ihrer Rassenlehre zur Verherrlichung „arischer“ Menschen als geistig, politisch und kulturell besonders überlegen gegenüber „nichtarischen“ Menschen – insbesondere Juden und Jüdinnen, Sinti, Roma und Slawen. Nichtarische Menschen galten damit als minderwertig, sollten „ausgemerzt“ werden. Diese Hybris zur vermeintlichen Überlegenheit der „Arier“ und zur vermeintlichen Unterlegenheit des Judentums u.a. gehörte zur Basisideologie im Nationalsozialismus. Hitler propagierte schon 1920 im Münchner Hofbräuhaus bei der Verkündung der NSDAP-Ziele: „Kein Jude kann […] Volksgenosse sein“ (vgl. Gupta 2010). Und ich zitiere aus einem NS-Lehrbuch:

> „Deutschland im Herzen Europas wird immer stark bevölkert sein. Aber es ist Gefahr, dass es *andere Menschen* sein werden. Denk- und Gefühlsart, die keine deutschen Lieder singen. *Menschen aus dem Osten*. Die jüdische Einwanderung von Osten […] hat uns diese Gefahr vor Augen geführt“ (Paull 1939, 80; Hervorh. i. Orig.).

Etwa 300.000 Krankenmorde wurden zwischen 1939 und 1945 durchgeführt.

Die Betonung des „Euthanasie"-Mord-Arrangements als Prototyp des NS-Zivilisationsbruchs zwischen der Medizin, der Justiz und dem Nationalsozialismus halte ich aus folgenden Gründen für geboten:

- weil es bis heute in der deutschsprachigen NS-Forschung kaum registrierte „Verbindungslinien zwischen NS-Krankenmord und dem NS-Genozid an den europäischen Juden" (Fuchs u.a. 2014, 16) gibt und
- weil diese Opfer des Krankenmordes bis heute nicht als NS-Verfolgte anerkannt sind (vgl. Dasel 2022).

Die Vernichtung von Patienten_innen in den Psychiatrien sowie Pflege- und Heilanstalten war gleichsam ein „Vorlauf" der NS-Massenvernichtungsmaschinerie in doppelter Weise. Wie der Journalist Ernst Klee (Träger des Geschwister-Scholl-Preises) 2018 notierte, waren „Gaswagen zur Vernichtung Kranker seit Oktober 1939 im Einsatz" (Klee 2018, 310) und bereits im Frühjahr 1940 wurde die „planmäßige Vernichtung aller jüdischen Psychiatriepatienten" (ebd., 269) durch Vergasung oder andere Ermordungstechniken verfügt und organisiert. Die Erkenntnis aus einem wissenschaftlichen DFG-Forschungsprojekt zum Thema „Euthanasie" gegen Jüdinnen und Juden lautet:

> „Im Gegensatz zu den mehrheitlich evangelischen und katholischen Psychiatriepatienten ist die Religionszugehörigkeit für die jüdischen Kranken das einzig entscheidende Kriterium, das zu ihrer Vernichtung führt" (Fuchs 2018, 68).

Unerwartet jedoch kam es für die NS-Diktatur zu Protesten gegen diese Krankenmorde. Kritische Reaktionen auf die Krankenmorde waren zum Beispiel:

- Der Vormundschaftsrichter Lothar Kreyssig „meldete seinen Verdacht, dass die Kranken massenhaft ermordet würden, dem Reichsjustizminister Franz Gürtner. Nachdem ihm mitgeteilt worden war, dass die Mord-Aktion in Verantwortung der Kanzlei des Führers ausgeführt würde, erstattete Kreyssig gegen Reichsleiter Philipp Bouhler Anzeige wegen Mordes" (vgl. Wikipedia 2022). Kein Verfahren wurde eingeleitet. Der Richter wurde in den vorzeitigen Ruhestand versetzt.

- Bischof Clemens Graf von Galen las in seiner Predigt in Opposition zur „Euthanasie" eine Erklärung der deutschen Bischöfe von der Kanzel: „Nie, unter keinen Umständen, darf der Mensch, außerhalb des Krieges und in der gerechten Notwehr einen Unschuldigen töten" (Klee 2018, 256). Es gab keine öffentliche Reaktion des NS-Staates.
- Pastor Paul Gerhard Braune, Leiter der Hoffnungstaler Anstalten bei Berlin formulierte eine etwa fünfzehnseitige Denkschrift über die Krankentötungen: „Die Unverletzlichkeit des Menschenlebens ist einer der Grundpfeiler jeder staatlichen Ordnung. Wenn Tötung angeordnet werden soll, dann müssen geltende Gesetze die Grundlage solcher Maßnahmen sein. Es ist untragbar, dass kranke Menschen fortlaufend ohne sorgfältige ärztlich Prüfung und ohne jeden rechtlichen Schutz, auch ohne den Willen der Angehörigen und gesetzlichen Vertreter zu hören, aus reiner Zweckmäßigkeit beseitigt werden" (Cantow 2012, 82). Braune reichte diese Denkschrift beim Reichsinnenministerium ein. Er sprach darüber auch mit dem Justizminister Franz Gürtner. „Braune wird später rekapitulierend festhalten, dass Gürtner vom Ausmaß der ‚Euthanasie' nichts wusste, und entsetzt war, was im Reich ohne sein Wissen vorging" (ebd. 2012, 64). Alle Verhandlungen wurden vertraulich geführt. Pastor Braune wurde dann von der Gestapo verhaftet und für 80 Tage gefangen genommen. Bei seiner Freilassung musste er unterschreiben, dass er künftig „nichts gegen den Staat und die Partei unternehmen" (Braune 1940, 204) werde. In seinen Erinnerungsaufzeichnungen berichtet er über seine „korrekte" Behandlung im Gefängnis.

Es ist zu vermuten, dass der NS-Staatsapparat mehr auf die Vertuschung der Krankenmorde bedacht war, nicht primär auf die Bestrafung und/oder Vernichtung derjenigen, die gegen diese Krankenmorde protestierten – solange sie nicht Angehörige der politisch und rassistisch verfolgten Gruppen waren. Graf von Galen und Kreyssig werden in Wikipedia als Widerstandskämpfer gelistet – Pastor Braune nicht.

Nach der Häufung von öffentlichen Protesten gegen die Krankenmorde wurde das „Euthanasie"-Projekt öffentlich für beendet erklärt; tatsächlich aber wurde nur die zentrale Lenkung aufgegeben – die massenhafte Ermordung Kranker wurde u.a. in Konzentrationslagern und auch mit der Unterstützung der Wehrmacht weitergeführt (vgl. Klee 2018).

Die unvorstellbare Gewalt, der Terror und die Massenmorde des gleichgeschalteten NS-Staates wurden mit dem Zweiten Weltkrieg exzessiv ausgeweitet. Die Anzahl der durch direkte Kriegseinwirkung Getöteten wird auf 60 bis 65 Millionen geschätzt. Die Schätzungen, die Verbrechen und Kriegsfolgen einbeziehen, reichen bis zu 80 Millionen – darunter etwa sechs Millionen Jüdinnen und Juden (vgl. Auerbach 1992, 161f.).

Weitere Millionen Menschen mit erheblichen, wenn nicht gar katastrophalen lebenslauf-, lebensweltver- und zerstörenden Erfahrungen von 1933-1945 kamen zum Beispiel aus den Gruppen der überlebenden NS-Häftlinge, der Wehrmachtssoldaten und derjenigen, die in Flucht und Vertreibung verwickelt waren.

Vernichtung wurde im Nationalsozialismus zu Staatsdoktrin und Massenrausch gesteigert, kulminierte im Rassenkrieg gegen Juden, „Zigeuner“, Slawen, bestimmte soziale und ethnische Gruppen sowie ganze Völker, die als „lebensunwert“ definiert wurden (vgl. Benz 1998).

Männerbündische Konkurrenzgemeinschaften – insbesondere seit dem Aufstieg des Preußentums im Deutschen Reich – bildeten den Nährboden einer Männerrolle, die den deutschen Soldaten als Goldstandard von Männlichkeit prägte. Dieser Soldat, der weder Gefühle zulassen noch Schwäche zeigen durfte, war für den politischen Agitator Hitler im Ersten Weltkrieg das willkommene Sozialisationsregime, um das zu werden, was er als NS-Diktator mit unvorstellbarer Gewalt- und Grausamkeit wurde.

Insbesondere militärische Vernichtung als Mittel politisch-ideologischer Konfliktaustragung hatte bereits Tradition in der deutschen Geschichte. Wie der Militärhistoriker Sönke Neitzel kommentiert, wird die „schnelle Vernichtungsschlacht“ von angelsächsischen Autoren als „German Way of War“ (Neitzel 2021, 32) bezeichnet. Zwischen 1864 und 1939 sind von deutschen Militärs sechs Kriege geführt worden:

- Zwischen 1864 und 1871 drei Kriege, die die Nationalstaatsgründung begünstigen sollten (1864 gegen Dänemark; 1866 gegen Österreich; 1870/71 gegen Frankreich).

- Zwischen 1904 und 1908 zwei Kolonialkriege (1904-1907 in der Kolonie Deutsch-Südwestafrika (jetzt: Namibia); 1905-1908 in der Kolonie Deutsch-Ostafrika (jetzt Tansania))
- Von 1914 bis 1918 der Erste Weltkrieg.

Preußen setzte mit den „Vereinigungskriegen“ die Idee des deutschen Nationalstaates durch. Dann vernichteten deutsche Militärs in den beiden Kolonialkriegen hunderttausende afrikanische Einheimische. Dem wiederum folgte der Erste Weltkrieg. Also fielen auf eine Zeitspanne von 54 Jahren (1864-1918) insgesamt sechs militaristische Sozialisationspassagen auch für die Zivilbevölkerung. 1939 begann mit dem Überfall auf Polen die siebente Militarisierungspassage der Gesellschaft. Ich habe diese Zeitreise zur historischen Daseinsgebundenheit des militärischen Denkens und Lebens ins Bewusstsein gerufen, um die Bedeutung der Vernichtung als (militär-)politische Doktrin in den deutschen Lebenszusammenhängen des 19. und des 20. Jahrhunderts herauszustellen. Es sind Beispiele des militärischen Grauens als Normalität. Der Historiker Nicolaus Sombart schreibt hierzu:

> „Zieht sich nicht eine rote Blutspur durch die deutsche Geschichte des 19. und 20. Jahrhunderts? Angefangen mit dem Faustischen ‚Blut ist ein besonderer Saft‘ über das Bismarck'sche ‚Blut und Eisen‘ bis zum ‚Blut und Boden‘ der Nationalsozialisten“ (Sombart 1997, 78).

Im Zusammenhang mit der beschriebenen militaristischen Sozialisation ist Neitzels Resümee über den NS-Staat wenig überraschend: „Im Zweiten Weltkrieg waren Staat, Gesellschaft und Armee fester zusammengeschweißt denn je“ (Neitzel 2021, 587).

Klaus Theweleit erörtert in seinem Buch „Männerphantasien“ (1977 u. 2020)[10] komplexe Überlegungen zu dieser Ge-

10 Gut 40 Jahre nach der Erstveröffentlichung folgte die Neuveröffentlichung des unveränderten Werkes – aber mit einem über hundertseitigen Nachwort. „Männerphantasien“ unternimmt den Versuch, zu ergründen und zu beschreiben, „warum es Körper gibt, überwiegend männliche Körper, die nicht leben können, d.h., die nicht atmen können, ohne irgendjemand oder irgendetwas aus dem

walt- und Terrormännlichkeit, zur prototypischen nationalsozialistischen Männlichkeit. „[W]elche Vorgänge während des Tötungsakts sind es, die ihm Lust verschaffen, die er woanders nicht mehr finden zu können scheint?“ (Theweleit 2020, 693). Und er spitzt diese Fragen zu auf die Soldaten in den Freikorps der 1920er Jahre – also die Zeit des „frühen“ Hitlers (vgl. Gravenhorst u.a. 2020). Der soldatische Mann dieser Zeit hat dem Nationalsozialismus den Weg mit geebnet. Theweleit appelliert an uns heutige Zeitgenossen:

> „sich [...] auf die Auseinandersetzung einzulassen mit dem, was in diesem Buch der ‚Fragmentkörper‘ heißt. Das heißt die psychoanalytische Figur des ‚Nicht-zu-Ende-Geborenen‘ zuzulassen im eigenen Denken; genauer: in der eigenen verschärften Wahrnehmung“ (Theweleit 2020, 1225).

Diese Thesen sind nicht einfach Thesen einer Psychopathologie über eine bindungsunfähige und deformierte nationalsozialistisch-soldatische Männlichkeit. Theweleits Überlegungen öffnen eine sozialkulturelle und sozialpsychologische Lesart verweigerter gesunder psychischer Entwicklung unter den Daseinsbedingungen einer militarisierten Gesellschaft zwischen den zwei Weltkriegen: eine sozialisierte Gewaltgeschichte in männlichen Körpern. Diesen Männern wurde innerhalb jener Epoche, bindungstheoretisch gesprochen (vgl. Kain/Terrell 2020), eine flexible, reife Identität verwehrt. Sie wurden „nicht-zu-Ende-geboren“, sie wurden instrumentalisiert, ihre emotionale Bedürftigkeit zu verleugnen, zu verdrängen. Sie wurden dazu erzogen, ihre Ängste vor der eigenen (Tiefen-)Wirklichkeit in einem massiven und gewalttätigen Feldzug gegen alles andere (inkl. weibliche) zu transformieren. Das Ziel: Männliche Identität durch unbedingte Loyalität und Hörigkeit gegenüber einem idealisierten „Über-Vater“. Die Figur Hitler diente als Schutz vor den Irritationen des Inneren. Diese Transformation wurde zur alternativlosen Geschäftsgrundlage aller lebensgeschichtlich folgenden Verbindungen im sozialen Raum des voranschreitenden NS-

---

Weg zu schaffen; zum Verschwinden zu bringen; zu beschreiben, worin dieser Beseitigungszwang in bestimmten Körpern besteht, wie dieser entsteht und diese Körper dann beherrscht“ (Theweleit 2020, 1224f.).

Faschismus – mit dem „Privileg“ ungezügelter Gewaltexzesse gegen Andere. Theweleits These, dass sich dieser preußisch-militaristische Drill, diese Deformierung zur Verdrängung bzw. Verleugnung der Wünsche und Gefühle umkehrt in männliche Gewaltexzesse, ist, angesichts verschiedener scheinbar leicht eingängiger polit-ökonomischer Faschismustheorien, nicht leicht zu verkraften. Aber: Seine Studie über den männlichen „Körperpanzer“ im Faschismus ist ausgesprochen bedeutsam für das Verstehen des Nationalsozialismus.

Die Vernichtung der in der Weimarer Republik gelebten Vielfalt, Pluralität und Diversität mit brutaler Gewalt und Verschwörungsideologien und die radikale Militarisierung (und damit Uniformierung) der Gesellschaft waren im Kontext des permanenten Staatsterrors die zentralen Gleichschaltungs-Wegmarken der NS-Diktatur. Der millionenfache Massenmord im Rahmen des Angriffskrieges konnte sich damit ohne einen größeren Widerstand der Bevölkerung realisieren.

3. Verleugnen, Verdrängen, Beschweigen und Vergegenwärtigung der NS-Vergangenheit

Direkt nach der „Stunde Null" im Mai 1945 erschienen erschreckende Dokumente zum NS-Arisierungswahn[11]: Die von Frank Beer und Marcus Roth jüngst (2021) herausgegebene Publikation „Von der letzten Zerstörung" ist der sorgfältig editierte und aus dem Jiddischen übersetzte Nachdruck der von 1946 bis 1948 in Deutschland veröffentlichen Zeitschriftenreihe „Fun letstn churbn", die Erfahrungsberichte von Jüdinnen und Juden während des Holocausts veröffentlichte. Die Begriffe „Holocaust" und „Shoah" gab es noch nicht, als die beiden im Nazi-Reich verfolgten Juden Israel Kaplan und Moysche Faygenbogen sich im Rahmen der „Jüdischen Historischen Kommission in München" dem Projekt verschrieben, mit der Gründung dieser Zeitschriftenreihe[12] den Zeit- und Augenzeugen einen Sprachraum für ihre (Über-)Lebensschicksale während der NS-Diktatur zu bieten.

Diese Gesamtpublikation von 1032 Seiten ist ein bleibendes historisches Mahnmal aus der Perspektive jüdischen Lebens und Sterbens im Nationalsozialismus – vorwiegend in Polen und im Baltikum. Es ist Erinnerungskultur und es ist Erinnerungsarbeit, wenn wir uns den unsäglichen Leiderfahrungen der Überlebenden zuwenden.

Die Berichte über Massaker, Todesmärsche, Aufstände und „Alltägliches" in den Ghettos und Vernichtungslagern gewähren erschütternde Einblicke in die Erinnerungen der Überlebenden. Die Methode der oral history gewährt es, dass in diesen Doku-

11 Vgl. auch Anhang B.

12 Diese Zeitschrift hatte insgesamt 10 Ausgaben und war in Jiddisch mit hebräischen Lettern geschrieben. Das Interesse in Deutschland hielt sich in Grenzen. Schon wegen der jiddischen Sprache, aber wohl noch viel mehr wegen der damaligen Unfähigkeit, NS-Schuld überhaupt wahr- und anzunehmen. Das beherrschende Motto im Nachkriegsdeutschland war ja: Amnestie und Amnesie.

menten der subjektive Kern der Berichtenden im Sinne von Authentizität erhalten bleibt. So berichtet in der 2. Ausgabe der Zeitschrift zum Beispiel Abraham Vaisbrod unter dem Titel „Weinende Gräber“ über ein NS-Vernichtungsmassaker in Ostgalizien. Nach dem Einmarsch der Deutschen 1942 wurde Vaisbrod ins Ghetto Lemberg deportiert. Ich zitiere seinen Originaltext in einigen kurzen Auszügen:

> „[…] obwohl jeder in ständiger Todesangst lebte, hofften die noch am Leben gebliebenen, dass sie auf unerwartete Weise irgendwie gerettet würden […]. Die Juden glaubten, dass einfach ein Wunder geschehen müsse“ (Beer/Roth 2021, 141f.).

> „Auf einmal jedoch ertönte von allen Seiten ein Trommelfeuer. Zutiefst fühlten die Leute, das etwas Schreckliches bevorstand […], an diesem Tag war der Befehl ergangen, auch die letzten im Schtetl verbliebenen Juden zu ermorden. Die Stadt sollte an diesem Tag ‚Judenfrei‘ werden" (ebd., 143).

> „Der erste Befehl ertönte: ‚Alle nackt ausziehen!. Die Kleider alle auf einen Haufen legen!‘. Berl, der Sohn des Rabbiners, hatte sich stur gestellt und wollte seine Kleider um keinen Preis ausziehen. Ein Deutscher hatte ihm ein paar Mal auf den Kopf geschlagen, sodass er blutüberströmt auf die Erde fiel. Dann bekam er ein paar Hiebe in den Bauch verpasst. Er schaffte es noch, ‚Schma Israel‘ [ein jüdisches Glaubensbekenntnis H.F.] zu rufen, gab ein Stöhnen von sich und hauchte seine Seele auf einem Berg blutbesudelter Kleider aus“ (ebd., 145f.).

> „Die Gymnasiallehrerin Frau Magister Ruzhia Pik’holz begann damit, zu den nackten Leuten zu sprechen: ‚Bewahrt eure Würde und Mut. Wir sterben hier heute als unschuldige Menschen!‘. ‚Ihr seid keine Menschen!‘ schneidet der SS-Sturmbandführer ihr das Wort ab und versetzt ihr eine schallende Ohrfeige. ‚Jetzt rede du weiter, du Hurenfrau‘. Die Rednerin: ‚ihr meint, dass wir uns nicht an euch rächen werden? Wir wissen, dass das Ende nah ist‘. Sofort geht eine Kugel direkt ins Herz der nackten Rednerin, und schon liegt sie tot auf dem Boden“ (ebd., 146).

> „Dann zielten drei SS-Männer mit Pistolen auf den Ersten. Sie kümmern sich nicht darum, ob die Kugeln getroffen hatten und stießen die Menschen, auch wenn sie noch halb lebend waren, mit den Händen in das Massengrab. Und je mehr Leute in die Grube fielen, desto mehr Geweine hörte man von unten heraufdringen. Zwei Stunden ging diese Bluttat ohne Unterlass“ (ebd.).

> „Am nächsten Tag hörten die Bauern des benachbarten Dorfes entferntes menschliches Geweine und Gestöhn […] und überzeugten sich, dass dort wirklich noch halb lebendige Menschenkinder in den notdürftig zugeschütteten Gruben jammerten“ (ebd., 147).

Abraham Vaisbrod berichtet, dass man drei am Leben gebliebene Kinder noch zu retten versuchte. Aber sie verstarben in den folgenden Tagen. Er schließt seinen Bericht mit den Worten:

> „Die weinenden Gräber befinden sich unweit des Schtetl Skalat auf einem großen Feld. Und obgleich sie ewig verstummt sind, schreit der Ort weiter und erzählt von dem, was dort geschah, so wie Dutzende und Hunderte andere Orte neben ihm – sie haben viel, sehr viel zu erzählen, ihr Schrei ist ohrenbetäubend und ihre Mahnung von außerordentlicher Nachdrücklichkeit […]. Für uns haben die Gräber noch nicht aufgehört, zu weinen“ (ebd., 147).

Wenn ich diese oben dokumentierten Zeilen aus der NS-Vergangenheit Deutschlands lese, dann bin ich verstört.

Vereinzelte Holocaustleugner_innen verstören mich nicht so leicht. Auch der mit Hass und Hetze verbundene Ausspruch vom ehemaligen AfD-Vorsitzenden und AfD-Fraktionsvorsitzenden im Deutschen Bundestag Alexander Gauland (2018), „Hitler und die Nazis sind nur ein Vogelschiss in über 1000 Jahren erfolgreicher deutscher Geschichte“,[13] verstört mich nicht wirklich. Er ist Ausdruck seiner rechtsradikalen Gesinnung.

Verstörend ist für mich, dass die Fragen „Was war?“ und „Was ist?“ in der Mitte der Gesellschaft nicht wirklich gestellt werden. Die Frage „Was wird bleiben?“ ist von unserem Engagement für eine aufklärende Erinnerungskultur abhängig und befreiend beantwortbar!

Verstörend ist für mich besonders auch der Fortbestand essenzieller Bausteine der NS-Geschichte in der Nach-Holocaust-Geschichte Deutschlands. Als Ergebnis jahrzehntelanger Verdrängung und Verleugnung, jahrzehntelangen Beschweigens und Vergessens besteht das Risiko einer „Umschriftung“ der

13 Gauland hatte diesen Satz beim Bundeskongress der AfD-Nachwuchsorganisation Junge Alternative im thüringischen Seebach (2018) gesagt. Der Satz fiel nach einem Bekenntnis zur Verantwortung der Deutschen für den Nationalsozialismus mit Millionen ermordeten Juden und Millionen Kriegstoten (vgl. Thöne 2018).

Historie, die als Wegbereiter für eine NS-Gelegenheitskultur zur Verbreitung von nationalsozialistischem Gedankengut bzw. der Abwehr einer verantwortlichen Haltung für die deutsche NS-Geschichte dienen kann. Achtsam und wachsam müssen wir deshalb für eine transgenerationelle Erinnerung von NS-Geschichte sein.

Was meine ich mit dem Begriff NS-Gelegenheitskultur?[14] Ein Beispiel: Hitlers Chefarchitekt, Generalbauarchitekt für die Reichshauptstadt Berlin und Reichsrüstungsminister Albert Speer wurde vom Internationalen Militärgerichtshof in Nürnberg wegen NS-Kriegsverbrechen, Verbrechen gegen die Menschlichkeit und Verbrechen gegen den Frieden zu 20 Jahren Haft verurteilt und 1966 wieder aus der Haft entlassen. Er wurde dann als „Guter Nazi-Deutscher“ fachmännisch-publizistisch aufgebaut; insbesondere von den nationalkonservativen Journalisten Jobst Siedler[15] (damals Ullstein-Verlag) und Joachim C. Fest[16] (damals FAZ). Als ich 2017 in Nürnberg im Dokumentationszentrum Reichsparteitagsgelände die Sonderausstellung „Albert Speer in der Bundesrepublik“ betrat, hörte ich per Bandaufnahme die Originalworte Speers anlässlich seiner Haftentlassung 1966: „Ich habe nichts gewusst, ich hätte fragen müssen, ich habe nicht gefragt“. Speer wurde zur Symbolfigur für Millionen Deutsche.

Zum Zeitpunkt seiner Verurteilung in Nürnberg kannte das Gericht noch nicht das Dokument zur Absprache zwischen

---

14 Im Anhang B habe ich Ex-Nazi-Seilschaften in der Bundesrepublik bis in die Mitte der 1960er Jahre mit einer unsystematischen Dokumentation aufgelistet. Sie hatten in der BRD in besonderer Weise gewirkt – und wirklich nicht die Kriterien der freiheitlichen demokratischen Grundordnung (FDGO) erfüllt.

15 Als Siedler Speers „Erinnerungen“ 1969 erfolgreich auf den Markt gebracht hatte, überbrachte dieser ihm als Geschenk eine Originalskizze Hitlers. 1975 versprach Siedler Speer, dessen „Spandauer Tagebücher“ „mit allen Mitteln zu einem der größten Bucherfolge der Nachkriegszeit“ zu machen (vgl. Ullrich 2016).

16 Fest stand ab 1967 dem einstigen Hitler-Vertrauten Speer bei der Umwandlung seiner während der 20-jährigen Haft entstandenen Notizen in die Autobiographie „Erinnerungen“ als getreuer Ghostwriter zur Seite. Von 1973 bis 1993 war Fest Mitherausgeber der FAZ und Leiter des Feuilletons.

Speer und der SS mit dem Titel „Barackenlager Auschwitz infolge Ostwanderung“ (Brechtken 2017, 310) – und damit noch nicht seine direkte Teilnahme an der Massenmordorganisation. Speer hatte federführend an Deportationen und Vernichtungen mitgewirkt. Die Kenntnis des Dokuments zur Zeit der Gerichtsverhandlung hätte höchstwahrscheinlich das Todesurteil gegen ihn bedeutet. Er hatte vor dem Gericht immer wieder geleugnet, etwas vom Holocaust gewusst zu haben und stellte sich als Hitlers Verführter dar.

Speer hatte ein besonders enges Verhältnis zu Hitler. Noch einmal O-Ton Speer: „Von den scheußlichen Dingen habe ich nichts gewusst“.

Die publizistische Konstruktion des ehemaligen NS-Rüstungsministers zum „guten Nazi-Deutschen“ bezeichne ich als NS-Gelegenheitskultur für heutige faschistische Gedanken und Sprüche, für Neonazis, für rechtsradikale Terroristen in der Nach-Holocaustzeit.

Speer erlangte mit seinen Publikationen, die mit der Unterstützung einer nationalkonservativen Publizistiklobby millionenfach abgedruckt wurden, einen beachtlichen Wohlstand.

Bis Mitte der 1960er Jahre waren zahlreiche, ehemals führende, NS-Repräsentanten der „Volksgemeinschaft“ in leitenden Positionen der Bundesrepublik Deutschland tätig:

> „Vor allem im Bereich der Justiz, der Sicherheitsbehörden, der Medizin und der Hochschulen wimmelte es von einstigen Regimetreuen, die ihre alten Funktionen im Staat wieder aufnahmen und munter die Karriereleitern emporkletterten“ (Jähner 2021, 398).[17]

Geradezu tragisch für das, um politische Reputation bemühte, Nachkriegsdeutschland war die „Wiederkehr“ des ehemaligen NS-Richters und NS-Kriegsgerichtsrats Dr. Hans Hofmeyer in Gestalt des vorsitzenden Richters im Frankfurter Auschwitz-Prozess 1963[18] gegen 20 ehemals hochrangige NS-Täter. In ei-

17 Vgl. auch Anhang B.

18 Der millionenfache Massenmord an den europäischen Juden blieb in der jungen Bundesrepublik Deutschland über einen langen Zeitraum unberücksichtigt und ungesühnt. Erst mit den Auschwitzprozessen gegen ehemalige NS-Täter nationalsozialistischer Gewalt-

ner Veröffentlichung über die täglichen Verhandlungen im Prozess schreibt Inge Deutschkron, eine deutsch-israelische Journalistin: „Hofmeyer, von dem das Gerücht umgeht, er habe während des Kriegs als Kriegsgerichtsrat fungiert“ (Deutschkorn 2018, 48). Sie erfuhr erst 2019, dass diese Aussage kein Gerücht war. Ein Doktorand vom Fritz-Bauer-Institut enthüllte, dass Hofmeyer als NS-Richter bis 1945 Zwangssterilisationen verfügt und Todesurteile gesprochen hatte (vgl. Ristic 2020). Hofmeyer war also sachkundig in beiden Fassungen der Strafprozessordnung – sowohl der des „Dritten Reichs“ wie derjenigen der BRD. Zur Zeit des Ausschwitz-Prozesses gab es im BRD-Strafrecht noch nicht den Tatbestand des Völkermords. Der Strafprozessordnung

> „gemäß mussten die Richter den Tatbeitrag und die Schuld Einzelner feststellen. Dies konnte der Tatsache, dass das Morden in Auschwitz arbeitsteilig, kollektiv, kontinuierlich, routiniert und industriell organisiert war, nicht gerecht werden. Recht und Justiz stießen an die Grenzen ihrer Möglichkeiten, Auschwitz zu sühnen“ (Deutschkron 2018, 26).

Es schien nur die Anklage-Alternative Mord oder Befehlsnotstand zu geben.[19] Das spielte dem Vorsitzenden mit einschlägiger NS-Vergangenheit möglicherweise in die Hände: Die Mehrheit der Angeklagten kam mit geringen Strafen davon. Drei der Angeklagten – obwohl von Zeugen schwer belastet – wurden gar freigesprochen. Der Herr und Diener zweier Strafprozessordnungen hatte als Vorsitzender des Auschwitz-Prozesses „Recht“ über jene Angeklagten gesprochen, die „mit einer Bewegung ihres Daumens tausende Menschen in die Gaskammern geschickt hatten“ (ebd., 318). Das ist nicht nur tragisch für Deutschland, auch die Aufbereitung der NS-Vergangenheit des

---

verbrechen als Menschheitsverbrechen in Frankfurt ab 1963 gelang der Massenmord in das öffentliche Bewusstsein (vgl. Deutschkron 2018, Perels 2004).

19 Bis zum Demjanjuk-Prozess 2011 galt diese Rechtsauffassung, dass schuldig nur die Person sein könne, welcher ein eigenhändig begangener Mord konkret nachgewiesen werden konnte. Seit dem Demjanjuk-Urteil gelten Angeklagte mit einem funktionellen Dasein am Vernichtungsort bzw. -geschehen für schuldig (vgl. zeit.de. 2011).

vorsitzenden Richters für die deutsche Öffentlichkeit und die Darstellung innerhalb der deutschen Medien ist folgenschwer. Es gibt heute noch ungezählte Berichte über den Auschwitz-Prozess von 1963, die diese Entlarvung des „NS-Wolfs im BRD-Schafspelz" mit keiner Würdigung bedenken.[20]

Im Folgenden fokussiere ich in verschiedenen Lesarten die Frage nach der Vergangenheitsvergegenwärtigung ehemaliger Mitglieder der NS-„Volkgemeinschaft" – inklusive der Folgegenerationen in Deutschland. Die Flucht der Mehrheit der Deutschen aus der Vergangenheit ihrer kollektiven NS-Biografie qua Verleugnung, Verdrängung, Amnesie und Amnestie, generiert mentale und psychische Probleme bei den Betroffenen, die in tradierter Form auch die Folgegenerationen betreffen.

Ich beschreibe diesen Problemkontext der Gleichzeitigkeit von öffentlichem Gedenken und privater Verschleierung. Deutlich wird dieses in folgenden Aspekten:

- Einerseits existieren öffentliche Mahn- und Gedenkfeierlichkeiten an markierten Erinnerungstagen, Ergebnisse wissenschaftlicher Forschung über die NS-Zeit und aufklärende Texte in Schulbüchern etc.,
- andererseits existieren Wirklichkeitsverweigerung, Wirklichkeitsverleugnung bzw. Realitätsverlust im Kontext alltäglicher Interaktion und familialer Kommunikation über die Zeit des Nationalsozialismus.

Samuel Salzborn beschreibt diese von mir genannte widersprüchliche Einheit aus seiner Perspektive als Antisemitismus- und Rechtsextremismusforscher als einen „Zusammenhang zwischen der Zunahme des wissenschaftlich gesicherten Wissens über den Nationalsozialismus und der Abnahme der kritischen Verankerung dieser Erkenntnisse in der deutschen Gesellschaft" (Salzborn 2020, 56). Salzborn führt hierzu weiter aus:

> „Während die deutsche Täterschaft (insofern) im geschichts- und sozialwissenschaftlichen Kontext inzwischen differenziert diskutiert wird und [...] von einer großen Differenzierung der For-

20 Z.B. die bpb-Veröffentlichung „Vor 55 Jahren: Urteil im Frankfurter Auschwitz-Prozess" mit Datum 14.08.2020 – also lange Zeit nach der Entlarvung (vgl. bpb 2020a).

schung gesprochen werden kann, […] findet diese wissenschaftliche Debatte gesellschaftlich nur marginalen Widerhall" (ebd., 89).

Salzborn folgert weiter, dass die Erinnerung an die deutsche Vergangenheit trotz vielfältiger öffentlicher Anlassbezüge als „aktives Vergessenmachenwollen" (ebd., 9) beschrieben werden kann, was im Gegensatz steht zu der deutschtümlichen Stilisierung von Flucht und Vertreibung Deutscher als „Opfer". Damit verweist Salzborn auf eine Täter-Opfer-Umkehr. Nach Salzborn werden, im geschichtsrevisionistischen Interesse, Flucht und Vertreibung mit Shoah und Holocaust gleichgesetzt. Dies belegt er durch ein Zitat der früheren CDU-Bundestagsabgeordneten und Präsidentin des Bundes der Vertriebenen (BdV) Erika Steinbach: „Im Grunde genommen ergänzen sich die Themen Juden und Vertriebene miteinander. Dieser entmenschte Rassenwahn hier wie dort" (ebd., 90).

In Ihrem Buch „Den Schmerz der anderen begreifen" (2022) beklagt auch die Auslandskorrespondentin und Publizistin Charlotte Wiedemann das Verleugnen oder Bestreiten der offensichtlichen NS-Gräueltaten:

> „Die deutsche Gesellschaft hat von ihrer massenhaften Involvierung in die Judenvernichtung nichts wissen wollen; so war es 1945, und daran hat sich bis heute im Großen und Ganzen nicht viel verändert" (Wiedemann 2022, 262).

Und weiter Wiedemann:

> „Wie die Justiz an der Ahndung des Jahrhundertverbrechens versagt hat, ist bekannt: Für den Tod von fast sechs Millionen Juden und Jüdinnen verurteilten deutsche Gerichte nur in 204 Fällen wegen Mordes; für jedes ausgelöschte Menschenleben gab es im Schnitt 10 Minuten Gefängnis […] Aber die Justiz konnte nur derart versagen, weil die Gesellschaft es nicht anders wollte" (ebd., 263).

Ihr Fazit: „Entgegen der beruhigenden Erzählung von gelungener Aufarbeitung hat ein Großteil der Alteingesessenen die Täterschaft der Vorfahren verdrängt" (ebd., 264).

Der Sozialpsychologe und NS-Erinnerungsforscher Harald Welzer formuliert vor dem Hintergrund seiner empirischen Studien über intergenerationelle Geschichtsbilder in den ehemals „Volks"-deutschen Familien bezüglich Nationalsozialismus und

Holocaust, dass die Erinnerung der Leidenserfahrungen der eigenen Familien im Familiengedächtnis einen zentralen Stellenwert einnehmen, die Erinnerung an die ermordeten Juden jedoch marginalisiert werden:

> „Welche Schlüsse […] lassen sich im intergenerationellen Weitergabeprozess ziehen? Der für die Geschichtspädagogik und -didaktik nicht unwichtige Befund, dass eine Aufklärung, die ein umfassendes Geschichtswissen über die Verbrechen des Nationalsozialismus etabliert, paradoxerweise das Bedürfnis evoziert, die eigenen Angehörigen von diesem Wissen auszunehmen“ (Welzer 2005, 198).

Es dominiert ein Geschichtsbild in den deutschen Familiengedächtnissen, das, allen NS-Wirklichkeiten zum Trotz, ein quasiheldenhaftes Fühlen, Denken, Sagen und Handeln memoriert. Aus solchen familialen Geschichtsbildern entwickelt sich ein stabiles Geschichtsmodell, das das kommunikative Gedächtnis der Gesellschaft beeinflusst: „Dieses Geschichtsmodell findet im kulturellen und kommunikativen Gedächtnis der Bundesrepublik offensichtlich (doch) einen sicheren Ort“ (ebd., 79).

Der Historiker und Publizist Per Leo kritisiert eine unterschiedliche Auseinandersetzung mit NS-Taten bzw. NS-Täter_innen in der Bundesrepublik Während sich eine gesellschaftliche Minorität der Aufarbeitung zuwendet, verbleibt die gesellschaftliche Majorität in einem diffusen Geschichtsbewusstsein zwischen Identifikation mit der Unschuld und Angst vor Rache. Nach Leo ist von einem brüchigen Geschichtsmodell auszugehen:

> „Sie war Sache von Eliten und Projekt einer engagierten Minderheit. Dagegen ist das historische Bewusstsein der meisten Bundesdeutschen bis heute weder vom Wissen um die eigene Geschichte geprägt noch von der Sensibilität für die Probleme des eigenen Erbes – sondern von vagen Gefühlen und abstrakten Bildern, zwischen denen es hin und her flippert, ohne einen Zusammenhang zu begreifen […]. Dämonisierung der Täter, Identifikation mit der Unschuld, Angst vor Rache, Verdrängung der Ambivalenz: Jede einzelne dieser seelischen Regungen lässt sich aus den Umständen ihrer Entstehung erklären. Aber als Syndrom gehört dieses Quartett der emotionalen Entlastung zu den hässlichen Zügen unseres Landes“ (Leo 2021, 152).

Die kritischen Ausführungen zu Beginn dieses Jahrhunderts (Wiedemann 2022, Leo 2021, Salzborn 2020, Welzer 2005) über die Realitätsverweigerung der Täter_innengesellschaft und ihre familiale Tradierung scheinen hinsichtlich der Nachwirkungen des Nationalsozialismus überraschend. Werden jedoch die Arbeiten von Alexander und Margarete Mitscherlich herangezogen, so erscheinen sie als notwendige Folge einer nichtbewältigten Geschichte. In ihrem Essaybuch „Die Unfähigkeit zu trauern" von 1967 diagnostizierten Marianne und Alexander Mitscherlich die Realitätsverweigerung der Täter_innengesellschaft:

> „Was unter einer über zwei Jahrzehnte andauernden Zensur unseres Bewusstseins nicht als schmerzliche Erinnerung eingelassen wird, kann ungebeten aus der Vergangenheit zurückkehren, denn es ist nicht ‚bewältigte' Vergangenheit geworden [...] Wir haben versucht, Vorgänge, die sich in großen Teilen unserer Bevölkerung im Zusammenhang mit dieser Menschenverachtung vollzogen haben, einer psychologischen Analyse zu unterwerfen. Dabei wollten wir die Hypothese stützen, dass zwischen einem intensiven Zur-Wehr-Setzen gegen Tatsachen aus dem versunkenen Dritten Reich und einem psycho-sozialen Immobilismus unserer augenblicklichen Gegenwart direkte und nachweisbare Beziehungen bestehen. Das eröffnet die Hoffnung, ein Wiedergewinnen von Erinnerungen könnte uns helfen, aus dem Geschehenen zu lernen, statt erneut agieren zu müssen" (Mitscherlich 1967, 83f.).

Zusammenfassend kann festgestellt werden, dass eine Bewältigung der NS-Vergangenheit in weiten Teilen der Bevölkerung noch nicht stattgefunden hat. Unter Berücksichtigung der Wirkungsweisen der familialen Traditionalisierungsprozesse ist eine Bewältigung ohne gezielte Interventionen verbreitet auch nicht zu erwarten. Ich wende mich diesem Thema genauer im fünften Hauptkapitel zu.

Stand heute stelle ich fest, dass dieser Lernprozess noch nicht abgeschlossen ist. Stand heute muss da wohl noch mehr Geschichte wahrgenommen werden.[21]

---

21 Ein Beispiel: Im Zeitrahmen nach der Deutschen Einigung 1870/1871 beklagte Ferdinand Tönnies, damals Soziologieprofessor an der Universität Kiel, unerträgliche „blutsaugerische" Praktiken,

Ich wende mich nun dem Thema NS-Realitätsverweigerung (verleugnen, verdrängen, beschweigen) und der NS-Vergangenheitsvergegenwärtigung (Was ist?, Was war?, Was wird?) in drei miteinander verbundenen Lesarten zu und diskutiere diese.[22] Die erste Lesart ist eine makrosoziologische Perspektive mit Anmerkungen zur NS-Erinnerungspolitik gewählter Repräsentanten Deutschlands (z.B. Weizsäcker, Kohl, Brandt). Die zweite Lesart fokussiert Überlegungen zu mikrosoziologischen mentalen, normsetzenden und psychischen Grundlagen bzw. Voraussetzungen dieser Verleugnung von NS-Wirklichkeit im Bewusstsein der deutschen Bevölkerung. Damit ziele ich auf die Analyse des Zusammenhangs von politisch-gesellschaftlichen Strukturen (Makroebene) und individuellen Biografien (Mikroebene). Mit der dritten Lesart verweise ich auf einen exemplarischen Prozess von der kollektiven Verleugnung hin zur zivilge-

---

„wodurch dann die Geldgier aller Geldgierigen gesteigert werden muss. Der Bauer in Geldnot fällt dem Wucherer anheim. Er begegnet sich hier leicht mit dem städtischen Handwerker und anderen Kleinbürgern, die über den Druck des ‚Juden' seufzen, den der schlichte Mann ohnehin als Volks- und Glaubensfremden zu scheuen, wenn nicht gar zu verabscheuen geneigt ist" (Tönnies 1919, 13). Diese Antisemitismus-Geschichte lehrt uns: Erst wurde das Judentum marginalisiert, dann wurde draufgehauen.

22 In den Sozialwissenschaften wird häufig zwischen drei Analyseebenen (makro, meso, mikro) unterschieden (vgl. Bronfenbrenner 1986). Auf der Makroebene werden große Aggregate oder Systeme (z.B. Politisches Regierungs-System, gesellschaftliches Wertesystem) untersucht. Auf der Mesoebene stehen die Teile dieser Systeme (z.B. Institutionen wie Parteien, Betriebe, Familien, Interaktions-Initiativgruppen) im Fokus. Auf der Mikroebene interessieren dann z.B. die Handlungen und Entscheidungen der Akteure und/oder die Beziehungen zwischen den Akteuren. Sozusagen aus der Vogelperspektive sehen wir dann den Zusammenhang dieser drei Ebenen (vgl. Schubert/Klein 2020) an. Und es erlaubt uns dabei, die Wechselwirkungen zwischen diesen Ebenen zu analysieren: z.B. zwischen der gesellschaftlichen Normierungsmacht (makro) und der individuellen Handlungsmöglichkeit (mikro) in bestimmten Institutionen bzw. Interaktionen (meso). Diese methodische Orientierung knüpft an die bereits oben vorgestellten Überlegungen Elders (FN 2) zum Verhältnis zwischen Struktur und Individuum an.

sellschaftlichen Verantwortungsübernahme im Rahmen von engagierten Aktionsgruppen (Mesoebene) der NS-Erinnerungskultur.

3.1 Makroebene: Wer darf/soll wie an den Holocaust erinnern?

Mit dem Buch „Holocaust- Angst“ (2022) vermittelt der Historiker Jacob S. Eder eine besondere NS-erinnerungspolitische Posse aus der Bonner Republik. Eder rekonstruiert den Verlauf der deutsch-US-amerikanischen Beziehungen in Hinblick auf das Holocaust-Erinnern, insbesondere in den 1980er und 1990er Jahren. Der Verfasser stützt sich dabei auf eine Anzahl erstmals zugänglicher Quellen, u.a. aus dem Bundeskanzleramt.

Der Titel des Buchs ist Programm: Die Regierung der Bundesrepublik Deutschland (BRD) reagierte bereits Ende der 1970er irritiert auf Informationen, nach denen die US-amerikanische Regierung die Errichtung einer zentralen Holocaust-Gedenkstätte (United States Holocaust Memorial Museum, USHMM) in Washington D.C. plane. Der damalige US-Präsident hatte „zum angemessenen Gedenken an die Opfer des Holocaust“ (ebd., 56) eine Kommission für die Gestaltung eines entsprechenden Konzepts eingesetzt. In dieser Zeit war die Aufmerksamkeit vieler US-Bürger_innen, insbesondere ausgelöst durch die TV-Serie „Holocaust“ (NBC)[23], auf die Millionen Opferschicksale europäischer Juden in der NS-Diktatur gerichtet. Anfang der 1980er Jahre schrillten dann die Alarmglocken der BRD-Regierung in Bonn, weil diese Gedenkstätte in Washington D.C. laut US-amerikanischer Politik primär aus der Opferperspektive errichtet werden sollte. Der Regierung Kohl er-

23 Diese TV-Serie wurde von etwa 120 Millionen US-Amerikaner_innen gesehen. Auch in der BRD war die Ausstrahlung der Serie 1979 ein großes Medienereignis: 20 Millionen Deutsche sahen sie. Das Wort „Holocaust“ wurde dadurch „auch in Deutschland zum Begriff für die Vernichtung der europäischen Juden“ (Eder 2022, 63).

schien das als ein Affront: Sie befürchtete, dass „die deutsche Geschichte mit dem Segen der US-Regierung auf den Holocaust reduziert werden würde. So ging man davon aus, dass das USHMM nur Juden als Opfer, Amerikaner als Befreier und Deutsche allein als Täter darstellen würde“ (ebd., 139).

Diese Planungen erschienen der Kohl-Regierung als Bedrohung ihres eigenen Deutschland-Bildes (s.u.), zumal sie bis dahin überwiegend durch Maßnahmen von „Wiedergutmachungs“-Aktivitäten die Holocaust-Nachgeschichte in den Griff zu bekommen versuchte. „Vergangenheitsbewältigung“ und nicht Vergangenheitsvergegenwärtigung war das zentrale Credo der BRD-Regierung. Kohls öffentliches NS-Geschichtsnarrativ war laut Eder: „Allein ein harter Kern von überzeugten Nationalsozialisten sei für das verbrecherische Regime verantwortlich gewesen, welches das deutsche Volk ‚geblendet‘ habe, während die große Mehrheit der Deutschen – Zivilisten wie Soldaten – vor allem als Opfer von Krieg und Gewaltherrschaft zu verstehen sei“ (ebd., 91). Die oben bereits thematisierte Selbstviktimisierung und somit Opfer-Konkurrenz bzw. Täter-Opfer-Umkehr im Bewusstsein vieler Deutscher findet somit eine Komplementarität im Handeln der Regierung.

Was folgte war eine einzigartige Posse der Bonner Republik: Ein verzweigtes Netz zahlreicher offizieller und inoffizieller Repräsentanten der Bundesregierung mühte sich mit vielfältigen Mitteln und Methoden um eine Einflussnahme auf die Gestaltung der Gedenkstätte in Washington D.C. im Planungsprozess. Über etliche Jahre hinweg war die Reisediplomatie von Bonn nach Washington D.C. von der Mission getragen, ein positives Deutschland-Bild der Holocaust-Nachgeschichte in das USHMM-Konzept zu implementieren. Alle diese Bemühungen „scheiterten“ (ebd., 296):

- Der Vorsitzende der USHMM- Kommission W. Löwenberg stellte klar: „I don‘t make deals with germans“ (ebd., 173).
- Der Botschafter der BRD in den USA W. Calebow: „Das war’s. Kein Entgegenkommen, nicht einmal das kleinste Zeichen des Entgegenkommens“ (ebd., 191).

Am 22. April 1993 wurde das USHMM mit dem Titel „Never Again“ feierlich in Anwesenheit des US-Präsidenten Jimmy

Carter eröffnet – in (trotziger?) Abwesenheit von Kanzler H. Kohl und Bundespräsident R. v. Weizsäcker.

Einige Wochen vor der Eröffnung kam es noch zu einem bilateralen Skandal. Die Washington Post veröffentlichte eine Sensationsmeldung: „The German government […] offered museum organizers ‚millions of dollars' to include an exhibit on postwar Germany. This offer was immediately rejected" (ebd., 195).

Die Regierung Kohl war damit desavouiert. Dessen ungeachtet wurde das Museum in Washington D.C zum weltweiten symbolischen Fixpunkt des Holocaust-Opfer-Gedenkens.

Eder hat, wie auf einem Zeitstrahl, die deutsch-US-amerikanischen erinnerungspolitischen Auseinandersetzungen detailliert dokumentiert: Kapitelweise – beginnend mit der Museumsankündigung durch die USA zum Ende der 1970er Jahre und abschließend mit Fragen zum Zusammenhang zwischen dem US-amerikanischen Holocaust-Gedenken und der deutschen NS-Erinnerungskultur nach der Wiedervereinigung – zeigt Eder verschiedene Lesarten und Blickrichtungen der Bonner Republikposse auf.

Verstörend wirken dabei die zahlreichen quellengestützten Notizen zum Verhältnis der Bonner politischen Administration gegenüber US-amerikanischen jüdischen Organisationen und jüdischen Einzelpersonen aus diesem Zeitraum. Wir erfahren, wie deutsche Politik-Akteure jener Zeit ihre Enttäuschung über das Scheitern ihrer BRD-Mission mit „letztlich klassischen antisemitischen Stereotypen" (ebd., 154) begründen: Zigfach werden quasi konspirative „Jüdische Kreise" (ebd., 65), „Jüdische Lobby" (ebd., 318), „jüdische Journalisten" (ebd., 264) beschuldigt. Das lässt m.E. nur einen Schluss zu: Katastrophal fehlende Empathie mancher früherer NS-Diplomaten im Dienst des Auswärtigen Amtes im Nachkriegsdeutschland.[24]

Zwei Meilensteine der Erinnerungspolitik der Bonner Republik (vor und während der Kanzlerschaft Kohls) haben die NS-Erinnerungskultur in einem aufklärenden Sinne mitgeprägt:

24 Nachzulesen bei Conze, E./Frei, N./Hayes, P./Zimmermann, M. (2010).

- Der Kniefall des Bundeskanzlers Willy Brandt am 7. Dezember 1970 in Warschau vor dem Ghetto-Mahnmal und
- die Rede des Bundespräsidenten Richard von Weizsäcker am 8. Mai 1985 im Bundestag zum Gedenken an den 8. Mai 1945.

Exakt 40 Jahre nach dem Sieg über den und Befreiung von dem Nationalsozialismus hielt der damalige Bundespräsident vor dem deutschen Bundestag eine Rede[25], deren Kern die Botschaft hatte: „Der 8. Mai war ein Tag der Befreiung. Er hat uns alle befreit von dem menschenverachtenden System der nationalsozialistischen Gewaltherrschaft“ (Bundespräsidialamt 1985).

Bundespräsident von Weizsäcker betonte dabei, dass der 8. Mai 1945 nicht von dem Tag der Machtübertragung an Hitler am 30. Januar 1933 getrennt erinnert werden dürfe. Und er führte weiter zum Verständnis von NS-Erinnerungskultur aus:

> „Der 8. Mai ist ein Tag der Erinnerung. Erinnern heißt, eines Geschehens so ehrlich und rein zu gedenken, dass es zu einem Teil des eigenen Innern wird. Das stellt große Anforderungen an unsere Wahrhaftigkeit“ (ebd.).

Er mahnt zum Gedenken an Juden, Russen, Polen, Sinti, Roma, Homosexuelle und „Euthanasie“-Opfer. Ferner ruft er auf zum Gedenken an die Opfer des Widerstands gegen den NS-Staat:

> „Als Deutsche ehren wir das Andenken der Opfer des deutschen Widerstandes, des bürgerlichen, des militärischen und glaubensbegründeten, des Widerstandes in der Arbeiterschaft und bei Gewerkschaften, des Widerstandes der Kommunisten“ (ebd.).

Und er fordert eine Offenheit des Erinnerns an die Gräueltaten des Nationalsozialismus:

> „Es gab viele Formen, das Gewissen ablenken zu lassen, nicht zuständig zu sein, wegzuschauen, zu schweigen. Als dann am Ende des Krieges die ganze unsagbare Wahrheit des Holocaust herauskam, beriefen sich allzu viele von uns darauf, nichts gewusst oder auch nur geahnt zu haben. […] Es geht nicht darum, Vergangenheit zu bewältigen. Das kann man gar nicht. Sie lässt sich ja nicht nachträglich ändern oder ungeschehen machen. Wer aber vor der Vergangenheit die Augen verschließt, wird blind für die Gegenwart.

---

25 Bundespraesident.de 8. Mai 1985.

> Wer sich der Unmenschlichkeit nicht erinnern will, der wird wieder anfällig für neue Ansteckungsgefahren" (ebd.).

Die Befreiungs-Perspektive von Richard von Weizsäcker auf den 8. Mai 1945 war wegweisend für eine fortschrittliche Zukunft der deutschen Erinnerungskultur.[26] Bedauerlich ist daher m.E., dass von Weizäcker, ähnlich wie Kohl, in seiner Rede das bekannte, geschichtsverfälschende, Narrativ über eine kleine Nazi-Clique bei weitgehenden Unbeteiligtheit der Bevölkerung nutzte: „Die Ausführung des Verbrechens lag in der Hand weniger" (ebd.).

Seit einigen Jahren fordert die Vereinigung der Verfolgten des Nationalsozialismus – Bund der Antifaschisten (VVN-BdA):

> „Der 8. Mai muss ein Feiertag werden, an dem der Verfolgten und Opfer des Naziterrors gedacht wird und an den Widerstand gegen das Naziregime erinnert werden kann. Damit sich die Geschichte nie wiederholt, brauchen wir eine gesellschaftliche Auseinandersetzung mit der Vergangenheit – dafür braucht es Zeit und angemessene Orte der Erinnerung und des Lernens!" (VVN-BdA 2022).

Willy Brandts Kniefall 1970 in Warschau vor dem Ghetto Denkmal war ein elementares Signal der Erinnerung. Das Zeichen eines deutschen Bundeskanzlers – eines ehemaligen Verfolgten des Nazi-Regimes – mit der Bitte um Vergebung Polens gegenüber dem Rechtsnachfolger des „Dritten Reichs", der Bundesrepublik Deutschland. Das Bild des knienden Bundeskanzlers vor dem Ehrenmal für den Aufstand im Warschauer Ghetto bewegte

---

26 2022 lesen wir als repräsentative Ergebnisse der MEMO-Deutschland-Studie, wie sich in der deutschen Gesellschaft Perspektiven auf die Zeit des Nationalsozialismus repräsentieren. Ergebnisse der Studie: Ein Schwerpunkt der Studie lag darauf, wie die Befragten das Ende des Zweiten Weltkriegs, das sich am 8. Mai 2022 zum 77. mal jährte, rückblickend einordnen und bezeichnen würden. Dabei bewerten sie die Begriffe der „Befreiung" (87,0 %) und des „Neuanfangs" (81,2 %) als die geeignetsten, um zu beschreiben, was das Kriegsende 1945 für Deutschland bedeutet hat. Zugleich äußert jedoch auch ein großer Teil der Befragten (64,6 %) die Sorge, die deutsche Erinnerungskultur könne von Rechtspopulisten vereinnahmt werden (Multidimensionaler 2022, 34).

nach Darstellung der Zeitschrift „der Spiegel“ „die Öffentlichkeit stark (Der Spiegel 1970) und bildete das Titelthema einer Ausgabe. Im Spiegel-Interview vom Dezember 1970 verdeutlicht Brandt seine Motive für seinen Kniefall:

> „Ich habe im Namen unseres Volkes Abbitte leisten wollen für ein millionenfaches Verbrechen, das im missbrauchten deutschen Namen verübt wurde. Dies gehört mit dazu, wenn wir einen neuen Anfang setzen und eine Wiederholung der Schrecken der Vergangenheit ausschließen wollen“ (Der Spiegel 1970).

Die Motive des Bundeskanzlers waren auch Thema eines Spiegel-Kommentars.[27] Abgewogen wurden persönliche und politische Motivlagen. Der Autor des Kommentars kam zum Ergebnis, dass der Bundeskanzler aus seiner Verantwortung als Politiker gehandelt habe:

> „Ein Bekenntnis also, womöglich ein genau überlegtes? Ein Schuldbekenntnis? Eine Bitte um Vergebung? Und in wessen Namen? Halten wir uns, fürs erste, an die Fakten, die offenkundig sind und die niemand bestreiten wird. Willy Brandt ist, erstens, nicht das Urbild eines religiösen Menschen. Er hat das Knien, von Haus aus, gar nicht im Repertoire. Als er in einer deutschen Zeitung die Formulierung findet, er, der ‚aus einer protestantischen Welt stammende Kanzler‘ sei vor einem jüdischen Mahnmal niedergekniet ‚wie ein guter polnischer Katholik‘, wird er beinah böse. Das, sagt er, ‚trifft doch nicht den Kern‘. An Devotion, gar in einem konfessionellen Sinn, hat er gewiss nicht gedacht. Zweitens ist Willy Brandt, jenseits allen Zweifels, einer der Deutschen, die auch nicht den geringsten Anlass haben, sich mitverantwortlich zu fühlen für die Austilgung des Warschauer Gettos, für Hitlers Überfall auf Polen – und für alles, was dazu geführt hat. Er hat das Regime, das solche Verbrechen programmierte und schließlich beging, nicht gestützt, nicht einmal hingenommen. Er hat es bekämpft. Und er kann sagen, er sei damals nicht dabei gewesen. Wenn dieser nicht religiöse, für das Verbrechen nicht mitverantwortliche, damals nicht dabei gewesene Mann nun dennoch auf eigenes Betreiben seinen Weg durchs ehemalige Warschauer Getto nimmt und dort niederkniet – dann kniet er da also nicht um sei-

---

27 Spiegel-Umfrage: Durfte Brandt knien? Hauptergebnis: Für angemessen halten das Verhalten Brandts am Getto-Ehrenmal 41 Prozent der Befragten, als übertrieben bezeichnen es 48 Prozent (Deutschkron 1970, 45).

netwillen. Dann kniet er, der das nicht nötig hat, da für alle, die es nötig haben, aber nicht da knien – weil sie es nicht wagen oder nicht können oder nicht wagen können. Dann bekennt er sich zu einer Schuld, an der er selbst nicht zu tragen hat, und bittet um eine Vergebung, derer er selber nicht bedarf. Dann kniet er da für Deutschland" (Der Spiegel 1970, 43).

Im Rahmen einer historischen Würdigung kann dem Kniefall heute eine wichtige Rolle bei der Entspannung zwischen den beiden Blöcken des „Eisernen Vorhangs" zugeordnet werden. Der am selben Tag unterzeichnete „Warschauer Vertrag" (Vertrag zwischen der Bundesrepublik Deutschland und der Volksrepublik Polen über die Grundlagen zur Normalisierung der gegenseitigen Beziehungen)[28] erkannte die Unverletzlichkeit der „Oder-Neiße-Grenze" an.

Für Polen unterschrieb der damalige Ministerpräsident Józef Cyrankiewicz – ein Überlebender des Konzentrations- und Vernichtungslagers Auschwitz.

Brandt schrieb dazu auch in seinem 1989 erschienenen Buch „Erinnerungen":

> „Immer wieder bin ich gefragt worden, was es mit dieser Geste auf sich gehabt habe. Ob sie etwa geplant gewesen sei? Nein, das war sie nicht. Meine engen Mitarbeiter waren nicht weniger überrascht als jene Reporter und Fotografen, die neben mir standen, und als jene, die der Szene ferngeblieben waren, weil sie ‚Neues' nicht erwarteten. […] Ich hatte nichts geplant, aber Schloß Wilanow, wo ich untergebracht war, in dem Gefühl verlassen, die Besonderheit des Gedenkens am Ghetto-Monument zum Ausdruck bringen zu müssen. Am Abgrund der deutschen Geschichte und unter der Last der Millionen Ermordeten tat ich, was Menschen tun, wenn die Sprache versagt." (Brandt 1989, 176).

---

28 „Maßgeblich für die restaurative Bonner Deutschland- und Ostpolitik war viele Jahre lang die 1955 eingeführte Hallstein-Doktrin. Demnach betrachtete die Bundesregierung es als ‚unfreundlichen Akt', wenn Drittstaaten diplomatische Beziehungen zur DDR aufnahmen oder diese völkerrechtlich anerkannten. Für solche Staaten hatte das den Abbruch der diplomatischen Beziehungen mit der Bundesrepublik zur Folge" (Schubert/Klein 2020, 45).

3.2 Mesoebene: Prozesse der zivilgesellschaftlichen Erinnerungskultur

Anrührend und irritierend zugleich sucht Charlotte Wiedemann in ihrer schon oben zitierten Publikation „Den Schmerz der anderen begreifen“ (2022) nach Antworten auf die Frage nach der Perspektivität des Antifaschismus heute. Sie lädt ein zu einer Zeitreise nach Stukenbrock – eine kleine Stadt in Ost-Westfalen. Vermutlich 56.000 sowjetische Kriegsgefangene kamen dort als Zwangsarbeiter im Straflager 32[29] „unter den Händen der Wehrmacht zu Tode“ (Wiedemann 2022, 96).

Unmittelbar nach der Befreiung im April 1945 durch US-amerikanische Soldaten fand ein erstes Erinnern an die Opfer des Straflagers statt:

> „Die Überlebenden machen sich sofort daran, eine Erinnerungskultur zu schaffen [...]. Aus den Schienen der Lorenbahn, die ins Lager führt, entstehen die Umzäunung des Friedhofs und ein Metallskelett für einen zehn Meter hohen Obelisken [...]. Vier Wochen nach der Befreiung des Lagers, wenige Tage vor der offiziellen Kapitulation Deutschlands, wird in Anwesenheit von mehreren Tausend Überlebenden der Obelisk feierlich eingeweiht“ (ebd., 98).

Wenig später jedoch wird die provisorische Erinnerungsarchitektur von Unbekannten demontiert, geschändet: „Kein moralischer Instinkt, keine innere Stimme hält davon ab, Hand an etwas zu legen, das Überlebende geschaffen haben. Der Friedhof, der von ihnen gestaltet wurde, verwahrlost“ (ebd., 99). Dann kehrt für viele Jahre Totenstille ein. Der Kalte Krieg und der Antikommunismus regieren fortan auch über Stukenbrock.

Das Lager ist wie verschwunden; übrig geblieben ist es als Bodendenkmal: „Nur der Boden hat seine Originalität bewahrt“ (ebd., 102). Die Morde und die Lagerbauten wurden gleichsam unsichtbar gemacht. Und zwar, „weil es den Mythos einer sauberen Wehrmacht zu verteidigen galt. Und weil die Zwangsarbeit so viele Nutznießer hatte“ (ebd., 96). Doch zivilgesell-

29 Das Straflager lag zwischen Bielefeld und Paderborn und war das größte Straflager im NS-Reich.

schaftliche Akteure wie die antifaschistische Gruppe „Blumen für Stukenbrock“ erinnern seit 1967 – bei massiven Anfeindungen im Ort – jeweils am 1. September (Antikriegstag) bis heute an die Massenmorde.

Nach Wiedemann wird den Versammlungen zunächst eine erhöhte politische Bedeutung beigemessen, die sie mit den Worten beschreibt:

> „Der sanfte Name (Blumen für Stukenbrock) verhindert nicht, dass die Versammelten als Nestbeschmutzer gelten. Sie ziehen das Ansehen der Wehrmacht in den Schmutz, deren Untaten noch ein Tabu sind. Und sie verbinden den Namen Stukenbrock mit einem Verbrechen, dass die Stukenbrocker entschieden von sich weisen. Die Kundgebungen werden vom Verfassungsschutz beobachtet, vor dem Ehrenfriedhof die Autokennzeichen notiert. Dennoch treten Jahr für Jahr im September Persönlichkeiten aus der kritischen Prominenz ans Rednerpult“ (ebd., 100f.).

Im Zeitverlauf wandelt sich die Bedeutung der Gedenkstätte, auch durch eine öffentliche Umnutzung. Wiedemann beschreibt diesen Wandlungsprozess wie folgt:

> „Unendlich langsam, über einen Zeitraum von sechs, sieben, acht Jahrzehnten, hat sich in Stukenbrock die Haltung zum Lager […] verändert. […] Und es sind Erinnerungsorte entstanden. […] Man möchte glauben, ein Lager, wo sechsundfünfzigtausend Menschen umgekommen sind, sei des Denkmalschutzes würdig, doch so wurde es lange nicht gesehen. Ein flaches Gebäude, indem sich die Arrestzellen der Wehrmacht befanden, wurde grau angestrichen und mit Glasbausteilen ausgestattet zum Waffenlager der [ortsansässigen, H.F.] Polizeischule gemacht. Mittlerweile befindet sich in der Arrestbracke ein bescheidenes Museum, von einem privaten Verein getragen. Wer es besucht, muss den Personalausweis an der Einfahrt zur Polizeiakademie abgeben. Das Gedenken ist ein geduldeter Untermieter“ (ebd., 102).

3.3 Mikroebene: Alle waren Opfer? Familiengedächtnis und -loyalität

Wie verliefen die oben in Kapitel 2 exemplarisch erörterten (selbst-)riskierten Leben der drei Personen im Widerstand (Clemens von Galen, Paul Gerhard Braune und Elisabeth Schmitz) gegen das NS-Regime nach 1945?

Bereits 1937 hatte Papst Paul XI den Bischof Clemens von Galen nach Rom eingeladen, um gemeinsam die Lage im Deutschen Reich zu erörtern. Nach Galens Predigt gegen das Töten des „lebensunwerten Lebens" erwogen führende Repräsentanten des NS-Staates von Galen festzunehmen und zu töten. Joseph Goebbels, damals zuständiger Reichsminister für Volksaufklärung und Propaganda, entschied jedoch, keinen katholischen Märtyrer zu schaffen. Von Galen wurde 1946 vom Vatikan zum Kardinal erhoben. Er verstarb – ebenfalls 1946 – an den Folgen eines Blinddarmdurchbruchs (vgl. Koropka 1998).

Pastor Paul Gerhard Braune wirkte nach seiner Entlassung aus dem Gestapo- Gefängnis wieder als Leiter der Hoffnungstaler Anstalten. Nach 1945 wurde er eine Führungspersönlichkeit in der Diakonie der DDR. Er starb 1954 an den Folgen eines Herzinfarkts (vgl. Cantow 2012).

Elisabeth Schmitz wurde im NS-Reich nicht als Widerstandskämpferin wahrgenommen, war nach 1945 in ihrer Heimatstadt Hanau wieder Lehrerin und wurde dort als Antifaschistin bekannt. 1950 sprach sie anlässlich einer „Gedenkfeier für die Opfer des Faschismus und die Kriegsopfer". Sie hielt ihren Vortrag vor den Schülerinnen ihrer Schule: „Wir wissen von den 6 Millionen Juden, die von Deutschen ermordet wurden, das ist der 3. Teil aller in der ganzen Welt lebenden Juden gewesen" (Gailus 2010, 155). Schmitz verstarb 1977 – die Todesursache ist mir nicht bekannt. Bis dahin wusste niemand, dass sie die Autorin der Denkschrift gegen die NS-Diktatur war. Erst 1999, über zwei Jahrzehnte nach ihrem Tod, „wird diese Tatsache durch eine Publikation ihrer ehemaligen Berliner Schülerin, der Pfarrerin Dietgard Meyer, zweifelsfrei enthüllt" (ebd., 10). In der Kirche wurde eine alte Aktentasche von ihr mitsamt einem Exemplar ihrer Denkschrift gefunden. Ehrungen posthum, ein

Dokumentarfilm und eine Konferenz über sie folgten im Jahr 2005. Manfred Gailus, Professor für Neuere Geschichte, über diese Widerstandskämpferin:

> „Gemessen an der historischen Bedeutung der Denkschrift ist Elisabeth Schmitz immer noch viel zu unbekannt. Die Evangelische Kirche Deutschlands (EKD) mit ihren 20 Gliedkirchen hat wenige Persönlichkeiten aus der Zeit des Dritten Reiches, die so mutig, so klar und so hellsichtig waren wie Elisabeth Schmitz. Sie können sich glücklich schätzen, dass sie wenigstens ein paar solche Personen haben. Und sie sollten diese mehr und deutlicher herausstellen in ihrer Gedenk- und Erinnerungsarbeit" (vgl. Deutschlandfunk 2023).

Schmitz brachte ihre Erschütterung über den Zustand des Landes und seiner vermeintlichen Zukunft in ihrem Brief an den Berliner Pastor Gollwitzer nach der Reichspogromnacht 1938 mit den Worten zum Ausdruck: „Ich bin überzeugt, dass [...] mit dem letzten Juden auch das Christentum aus Deutschland verschwindet". Auch der Präsident der Reichsvereinigung der Juden in Deutschland (seit 1939), Leo Baeck[30], blickte unmittelbar nach seiner Befreiung aus dem KZ Theresienstadt in seiner neuen Wahlheimat London fassungslos, erschüttert und verbittert auf die Zukunft der Deutschen und des deutschen Judentums:

- „Eine Neu-Erziehung der Deutschen hat eigentlich nur Zweck bei den Kindern unter sechs Jahren" (Meyer 2021, 242).
- „Die Geschichte des deutschen Judentums ist definitiv zu Ende" (ebd., 243).

Trotz ihrer zunächst pessimistischen Einschätzung über die Zukunft Deutschlands öffneten sich Leo Baeck und Elisabet Schmitz schließlich für eine neue antifaschistische Zukunft Deutschlands[31]. 2011 wurde Elisabeth Schmitz posthum von der Holocaust-Gedenkstätte Yad Vashem in Jerusalem als „Gerechte unter den Völkern" geehrt.

---

30 Für einen komprimierten Einblick in das Leben und Wirken siehe auch Friebel 2022a.

31 Ich diskutiere hier ausschließlich über die Bundesrepublik Deutschland nach Kriegsende,nicht über die DDR.

Was war, was ist? Erschütternd ist, dass die überwiegende Mehrheit der Deutschen Täter_innen, Mittäter_innen, Nutznießer_innen und Mitläufer_innen des NS-Staats waren. Genauso erschütternd ist, dass im Nach-Holocaust-Deutschland große Teile der Bevölkerung die Wirklichkeit von Gewalt, Terror und Massenmord im NS-Staat von 1933-1945 nicht wahrhaben wollen – keine Verantwortung übernehmen wollen. Warum verbreiteten Deutsche und verbreiten weiterhin Deutsche die Legende der Unwissenheit, nach der sie nichts gewusst hatten, bzw. dass ihren Familien keine Schuld zukam bzw. zukommt?

Auch der NS-Rüstungsminister Speer hatte ja nach seiner Haftentlassung gesagt (s.o.): „Ich habe nichts gewusst, ich hätte fragen müssen, ich habe nicht gefragt".

2011 wurden die Tagebücher des Laubacher Justizinspektors Friedrich Kellner über die NS-Zeit vom Historiker Sascha Feuchert und anderen veröffentlicht (vgl. Feuchert 2011).

> „Friedrich Kellner zeigt in seinen Tagebüchern, wie Zeitgenossen allein durch eine wachsame Lektüre der offiziellen Propaganda und eine kritische Sichtung der offiziellen Rhetorik den wahren Charakter der Diktatur erkennen konnten. Er las aufmerksam die Presse, klebte zahlreiche Zeitungsausschnitte in sein Tagebuch und kommentierte sie dort in einer einfachen und direkten Sprache. Die Dokumentation der Wirkung der doch meist leicht durchschaubaren Propaganda auf seine Mitbürger war Kellner ein besonderes Anliegen. Überdies zeigen auch Kellners Tagebücher, wie viel man bereits damals von den zentralen Massenverbrechen des Regimes wissen konnte" (vgl. Arbeitsstelle 2022).

Kellners Aufzeichnungen belegen: Zwischen 1939 und 1945 war es unzweifelhaft für die erwachsene Bevölkerung Deutschlands möglich, einigermaßen gut informiert zu sein über die Frage, wie der Krieg wirklich verlief – wenn sie nur genau hingeschaut bzw. hingehört hätte. Und niemand kann von den Verbrechen des Nazisystems einschließlich der Judenvernichtung „nichts gewusst" haben. Früh hatte Kellner sich „zu der Erkenntnis durchgerungen, daß dieses Regierungssystem von innen heraus überhaupt nicht zu beseitigen ist. […] Hitler kann nur fallen durch einen verlorenen Krieg“ (vgl. Lölhöffel 2011).[32]

Wer sprach die Wahrheit, wer nicht? Das ist eine unzulängliche Frage! Wir müssen vielmehr fragen, warum Millionen Deutsche die Wahrheit des NS-Staates nicht wahrhaben wollten und immer noch nicht wollen, obwohl sie bzw. ihre Vorfahren Täter_innen, Mittäter_innen Mitläufer_innen und Nutznießer_innen des NS-Staats waren.

War es so, ist es so, dass alles vergessen gemacht wurde, vergessen gemacht werden sollte und soll, um wieder Mensch, „menschlich“ zu sein? Wir forschen weiter nach Erklärungen.

Im Jahr 1967 – also mehr als zwanzig Jahre nach dem Ende des NS-Staats – veröffentlichten Alexander und Margarete Mitscherlich mit ihrem bereits oben zitierten Buch „Die Unfähigkeit zu trauern“ Antworten auf diese Frage. Und im Jahr 2005 – also ein halbes Jahrhundert nach dem Ende des NS-Staats – veröffentlichte Harald Welzer zusammen mit anderen das ebenfalls bereits zitierte Buch „Opa war kein Nazi“. Anliegen von Welzers Forschungsprojekt war die Beantwortung der Frage, was zu dem immerwährenden eklatanten „Erinnerungsverlust“ – bezogen auf den NS-Staat im Bewusstsein deutscher Familien – führte und weiter führt. Beide Veröffentlichungen liefern trotz unterschiedlicher methodischer und theoretischer Ansätze korrespondierende, komplementäre, übereinstimmende Deutungsmuster zur Weigerung der überwiegenden Mehrheit der ehemaligen deutschen Volksgemeinschaft und ihrer Nachkommen, die NS-Vergangenheit in ihr Geschichtsbewusstsein wirklichkeitsgetreu aufzunehmen. Ich ziele mit einer Diskussion der Ergebnisse beider Publikationen auf ein Sinn-Verstehen, warum nach

32 So argumentiert auch der renommierte Historiker Peter Longerich im Rahmen eines aktuellen Interviews, dass der NS-Terror der Bevölkerung nicht verborgen geblieben war: „Die Nazis haben aus dem Mord an den Juden kein Geheimnis gemacht. Sie haben die Einzelheiten geheim gehalten, aber doch bestimmte Signale ausgesandt, sodass man in der Bevölkerung doch eine Vorstellung davon hatte, dass da etwas bisher noch nicht Dagewesenes passiert. Goebbels‘ Propaganda hat 1942 immer größere Teile dieses öffentlichen Geheimnisses gelüftet, um den Effekt der Komplizenschaft zu erzielen“ (vgl. Longerich 2023).

der Befreiung durch die Alliierten aus der NS-Volksgemeinschaft in der Bundesrepublik Deutschland keine Verantwortungsgemeinschaft wurde, warum bis heute eine kollektive Realitätsverleugnung existiert.

„Aus unseren Göttern waren Teufel geworden" (Jähner 2021, 385) lautete ein Ausspruch nach dem Ende des Nationalsozialismus. Wie kann dieser Ausspruch nachvollzogen werden? In der psychoanalytischen Lesart ist die wirklichkeitswidrige Erinnerung eine Folge des Abwehrmechanismus gegen Erinnerungen, die für das „Ich"[33] unlustvoll sind. Dieser psychische Abwehrprozess gegen unlustgenerierende Wirklichkeiten wird „Verleugnung" genannt. Also bei der Abwehr des Typus Verleugnung besteht eine Weigerung des Subjekts, die Realität einer potenziell traumatisierenden Wahrnehmung anzuerkennen. Alexander und Margarete Mitscherlich diagnostizieren auf der Grundlage ihrer psychoanalytischen Theoriestudien und therapeutischen Analysen mit Patienten, dass die Deutschen in der Regel die Realität von NS-Gewalt, NS-Terror und NS-Massenmord im NS-Staat zur Abwehr von Schuld und Scham verleugnen:

> „Wir beschäftigen uns im vorliegenden Buch mit dem psychologischen Immobilismus der deutschen Nachkriegsgesellschaft [...]. Die ‚Unfähigkeit zu trauern' offenbart sich in Deutschland nach wie vor, und zwar in dem Widerstand, sich mit der jüngeren Geschichte auseinanderzusetzen, sie als bedeutungsvoll für die gegenwärtigen politischen Zustände und menschlichen Verhaltensweise anzuerkennen und entsprechend zu analysieren. Aber erst nach der Durcharbeitung seiner Vergangenheit ist ein Volk imstande, aus seiner Geschichte zu lernen, den Wiederholungszwang zu durchbrechen und notwendige gesellschaftliche Veränderungen und Erneuerungen durchzuführen" (Mitscherlich 1967, 368).

Die Mitscherlichs spannen einen historischen Bogen von der Niederlage Deutschlands im Ersten Weltkrieg über die – insbe-

---

33 Das „Ich" ist in der psychoanalytischen Theorie ein Teil der Prozesse im psychischen Apparat. Es repräsentiert die Realität und wird ständig von den Triebrepräsentanten des „Es" einerseits und den moralisch-normativen Befehlen des „Über-Ichs" in Frage gestellt (vgl. Laplanche/Pontalis 1973, S. 154ff.).

sondere ökonomischen – Krisenerschütterungen in der Weimarer Republik bis hin zur Idealisierung des NS-Führers:

> „Vom Beginn der Nazibewegung an war es dem kritischen Beobachter klar, dass sich hier im Allgemeinen ein Ausagieren eines ungewöhnlich ambivalenten Verhältnisses zur Vater-Autorität anbahnte. Es bleibt hinzuzufügen, dass diese Vater-Autorität durch die Niederlage im Ersten Weltkrieg und die katastrophenartige Wirtschaftskrise sehr geschwächt war. In der Traditionslinie von Befehlen und Gehorchen als Leitwerten unserer Gesellschaft lag es damals nahe, nach einer neuen, befehlsmächtigen Autorität Ausschau zu halten. Weitaus die Mehrheit der Deutschen – von Auftreten und Zielen des ‚Führers' begeistert – idealisierte ihn als neue Autorität" (ebd., 61).

Der „Führer"

> „tritt an die Stelle des Ich-Ideals[34] jedes einzelnen, jenes seelischen Selbstbildnisses, das von den kühnsten Phantasien über eigene Bedeutung, Vollkommenheit und Überlegenheit, aber auch von den natürlichen Hoffnungen des menschlichen Lebens, wie und was man sein oder werden möchte, gezeichnet wird. Indem ich dem Führer folge, ihm Verehrung zolle, verwirkliche ich ein Stück dieses phantasierten Ich-Ideals. Ich nehme an diesem bedeutungsvollen Leben des Führers, an dessen historisch einmaligen Plänen unmittelbar teil, der Führer und seine Bedeutung werden ein Teil von mir" (ebd., 72).

Diese „Verliebtheit in den Führer" (ebd., 71), der als „allmächtig und unfehlbar" (ebd., 250) wahrgenommen wurde, führte nach dem Selbstmord von Hitler, nach der Delegitimierung der NS-Ideologie durch die alliierten Sieger und Befreier zu einem grenzenlosen Ich-Ideal-Verlust:

> „Der Objekt-Verlust bewirkt einen psychischen Energieverlust, führt zu einer großartigen Ich-Verarmung […] In der narzisstischen Identifikation mit dem Führer war sein Scheitern ein Scheitern des eigenen Ichs […] Dies scheint uns die Brücke zum Verständnis des psychischen Immobilismus, der Unfähigkeit, in sozial fortschrittlicher Weise die Probleme unserer Gesellschaft in Angriff zu nehmen" (ebd., 78).

---

34 Ich-Ideal = idealisiertes, seelischen Selbstbildnis, das nicht mehr an die Gebote der elterlichen Autorität gebunden ist.

Die faktische Folgenlosigkeit der NS-Verbrechen für die überwiegende Zahl der Täter lässt die Mitscherlichs sarkastisch argumentieren:

> „Wir haben keine kleinliche Wiedergutmachungsleistung an jenen Überrest europäischer Juden bezahlt, die wir verfolgten und nicht töten konnten. Aber die wirklichen Menschen, die wir da unserer Herrenrasse zu opfern bereit waren, sind immer noch nicht in unserer sinnlichen Wahrnehmung aufgetaucht. Sie sind ein Teil der derealisierten Welt geblieben" (ebd., 81).

Der „geliebte Führer" – mitsamt seiner „kleinen Clique" (siehe Bundeskanzler Kohl, S. 33 und Bundespräsident von Weizsäcker S. 36) – war schuld an der deutschen Schuld, so wird das dominante Geschichtsbild tradiert. Die „verführte" Volksgemeinschaft trifft keine Schuld.[35] Diese NS-Vergangenheit bedarf aber der Trauerarbeit:

> „Trauerarbeit kann nur geleistet werden, wenn wir wissen, wovon wir uns lösen müssen [...]. Ohne eine schmerzliche Erinnerung wird dies nicht gelingen können, und ohne sie wirken die alten Ideale weiter, die im Nationalsozialismus die fatale Wendung der deutschen Geschichte herbeigeführt haben" (Mitscherlich 1967, 83).

Was verstehen die Mitscherlichs unter psycho-sozialen Immobilismus infolge dieser Wirklichkeitsverleugnung? Die Antwort

---

35 Der US-amerikanische GI Saul K. Padover aus einer Einheit zur psychologischen Kriegsführung, hatte 1944/45 in bereits von den Alliierten besetzten Gebieten ansässige Deutsche über ihre Haltungen zum nationalsozialistischen Regime interviewt. Ein kurzer Auszug aus seinem Bericht: „Psychologisch gesehen, wollen sich die Deutschen Strafe und moralischer Verantwortung entziehen, indem sie der Welt einen Schuldigen präsentieren, den sie noch vor kurzer Zeit als Halbgott angehimmelt haben. Die meisten Deutschen geben zu, dass sie 1939 widerstandslos den Krieg akzeptiert und die Siege von 1940 mit großer Begeisterung begrüßt haben. Der Krieg brachte Wohlstand und Beute, Hitler wurde als Held verehrt. Zum entscheidenden Bruch kam es mit dem traumatischen Schock von Stalingrad. Sobald die Rote Armee alle Siegeshoffnungen der Wehrmacht begrub, wandte man sich – natürlich passiv – von Hitler ab und begann die Weisheit seiner Entscheidungen in Zweifel zu ziehen" (Padover 1999, 93f.).

lautet: Verlust des Mitgefühls, psychisch-soziale Starrheit. Gefühlsstarre!

Jeder der von den Mitscherlichs dokumentierten psychischen Krankenfälle „sucht die Erinnerung seiner Wünsche anzupassen, um die Mitverantwortung abzulehnen. Soweit es nicht gelang, die Vergangenheit total durch die Derealisierung loszuwerden, sind sehr deutlich andere Abwehrvorgänge zu beobachten" (ebd., 59). Letztere haben Wege gefunden, „auf denen es ihnen möglich wurde, sich mit den Opfern der Verfolgung und des Krieges zu identifizieren, statt deren Tod oder Leiden schuldhaft zu erleben und zu bedauern" (ebd.). Also: Täter-Opfer-Umkehr!

> „Man hat viele Opfer gebracht, hat den Krieg erlitten [...]. Das verstärkt die innere Auffassung, man sei das Opfer böser Mächte: zuerst der bösen Juden, dann der bösen Nazis, schließlich der bösen Russen. In jedem Fall ist das Böse externalisiert; es wird draußen gesucht und trifft einen von außen" (ebd., 60).

Der Zusammenhang von Ursache und Wirkung wird einfach ignoriert: Sie sehen sich als unschuldige Opfer.

Infolge der mangelnden Aufarbeitung des Erlebten kann sich dieses in Form psychosomatischer Störungen manifestieren, wie von den Mitscherlichs anhand einer Krankengeschichte veranschaulicht wird:

> „Q. ist ein 50jähriger Angestellter. [...] Nach Kriegsende wurde er zu zwei Jahre interniert, weil er der Polizei und der SS angehört hatte [...]. Nach seiner Heimkehr begann er an einer Darmerkrankung – Durchfälle und Verstopfung wechselten sich ab – zu leiden. Die Störung kehrte in großen Abständen immer wieder [...] (und verweist auf, H.F.) Q.s Unfähigkeit, um irgendetwas anderes zu trauern als um den Verlust seines eigenen Wohlergehens im Dritten Reich, in den größeren Kontext der Unfähigkeit zum Mitgefühl überhaupt [...] Q. fühlt sich als unschuldiges Opfer, das 1945 in einem von Juden bewachten Lager hundsgemeine Vernehmungen und Demütigungen durchmachen musste'. Die intellektuelle Primitivität erlaubt Q. die mühelose Umkehr im Dienste der Schuldbefreiung: Die ‚Juden' sind die aggressiven Verfolger, er, der als Polizist gefürchtet wurde, ist das bedauernswerte Opfer" (ebd., 54).

Die politischen Botschaften erscheinen wie aus der politischen Psychoanalyse: Wirklichkeitsverweigerung und Täter-Opfer-Umkehr der Täter_innen, Mittäter_innen, Nutznießer_innen und Mitläufer_innen des NS-Staats. Beeindruckend ist auch, wie es Alexander und Margarete Mitscherlich in ihren Überlegungen gelingt, gesellschaftliche Kontexte subjektiver Relevanz zu erörtern, wie sie den Zusammenhang zwischen der individuellen und der strukturellen Perspektive kollektiver Geschichtsverständnisse herausarbeiten:

> „Wenn eine ganze Gesellschaft sich mit der Konstruktion, nur gehorcht zu haben, der Verantwortung entzieht, dann färbt dies sogar noch auf Individuen ab, welche sich von diesem Meinungs- und Glaubenskollektiv freizuhalten versuchen“ (ebd., 55).

Erschreckend ist zudem, dass die psychisch-sozialen Defekte der deutschen Majorität infolge dieser gestörten kollektiven Geschichtsverständnisse nichts an Aktualität eingebüßt haben. Im Jahr 2015 notiert der Gerontopsychiater Rolf D. Hirsch:

> „Die Häufigkeit von psychischen Störungen liegt bei über 65-Jährigen bei ca. 25 %. Allerdings steigt dieser Anteil mit zunehmendem Lebensalter. So geht man davon aus, dass mehr als 30 % der über 75-Jährigen und mehr als 40 % der über 85-Jährigen unter einer psychischen Störung leidet“ (Hirsch 2015, 4f.).

Die Holocaustforscherin und Publizistin Alexandra Senfft kommentiert diesen Befund aus der Gerontopsychiatrie wie folgt:

> „Mindestens ein Drittel alter Menschen litten aufgrund der Kriegs- und Nachkriegszeit unter einer posttraumatischen Belastungsstörung. Diese äußerte sich unter anderem in emotionaler Taubheit wie zum Beispiel Rückzug“ (Senfft 2018, 291).[36]

Harald Welzer, Sabine Moller und Karoline Tschuggnall wenden sich in ihrem Buch „Opa war kein Nazi“ (2005) dem Familiengedächtnis als Konstrukt der Erinnerungsgemeinschaft über drei Generationen zu. Was wird in den Familien aus der nationalsozialistischen Epoche erinnert? In der empirischen sozial-

---

36 Die erwähnten Alterskohorten in Geburtskohorten übersetzt: die über 65jährigen waren zum Zeitpunkt der Veröffentlichung des Artikels von Hirsch (2015) 1950 und früher geboren, die über 75jährigen 1940 und früher, die über 85jährigen 1930 und früher.

psychologischen Studie interviewte das Forscher_innenteam sowohl die NS-„Erlebnis“-Generation als auch deren Kinder und Enkelkinder. Die zentrale Frage: Welche Botschaften werden an die Kinder und Enkelkinder weitergeben, tradiert und wie verhalten sich diese Folgegenerationen bezüglich der Narrative von ihren Eltern bzw. Großeltern?

Der Normaltypus des ermittelten Familiengedächtnisses lautet quasi zirkulär, dass die geliebten Großeltern natürlich keine Nationalsozialisten sein konnten, dass die eigene Familie in einem stabilen Leitbild der Wertefestigkeit ruht, dass die Familie insofern grundsätzlich gegen den Nationalsozialismus war, dass deshalb die Schuldlosigkeit der „Erlebnis“-Generation in Hinblick auf die eigene Familie gilt.

Zugespitzt wird das in zwei Narrativen deutlich: Das Forscher_innenteam beschreibt mit dem Begriff der „kumulativen Heroisierung“ (Welzer u.a. 2005, 78) das Phänomen, dass die Familienmitglieder

> „aus der Zeitzeugengeneration und ihre Verwandten entweder Opfer der NS-Vergangenheit und/oder Helden des alltäglichen Widerstands waren. Meist sind diese Geschichten vom alltäglichen, unauffälligen ‚Widerstand‘ unspektakulär und dokumentieren ‚kleine Taten‘“ (Welzer u.a. 2005, 64).

Sie weisen das gemeinsame Merkmal auf, dass Familienmitglieder jedes auch noch so variable, ungeklärte Deutungsangebot in den Erzählungen der Zeitzeugen aufgreifen, das einen kleineren oder größeren widerständigen Akt impliziert und dann unter Hinzufügung von Details zur Handlung selbst oder zu ihren Folgen zu einer expliziten Widerstandshandlung aufgebaut wird. Zusammen mit dem generalisierten und planen Bild der Schreckensherrschaft des „Dritten Reichs“ ergibt die vorgängige Unterstellung, Oma und Opa hätten als so gute Menschen, wie sie in der Erfahrung ihrer Nachkommen erscheinen, jederzeit und immer schon gut gehandelt, einen wichtigen intergenerationellen Tradierungsmodus: „die Generalisierung des Ausschnitts der persönlichen Erfahrung auf die gesamte Biografie des geliebten Menschen“ (ebd.).

Welzer u.a. dokumentieren in ihrem Buch etliche Familiengespräche, z.B. ein Gespräch der Familie G. Hierin berichtet Oma G.: „Aber unser Doktor Weinberg war ja Jude, und die

Frau war ja Studienrätin, die haben wir ja geschützt, die sind ja, bis zum Schluss haben sie wohnen können" (ebd., 65). Auf diese starke Aussage, die nicht weniger impliziert, als dass die Großeltern die jüdische Familie heroisch vor der Deportation gerettet hätten, folgt die Rückfrage des Enkels Erich G.: „Wie habt ihr die denn geschützt?" (ebd.). Die Antwort von Oma G.:

> „Ja, weil wir sie nie belästigt haben. Wir haben uns nie belästigt gefühlt und die haben uns nicht gestört. Wir haben uns nicht, wie die Patrioten da, gesagt, hier sind Juden. Da wollen wir nichts mit zu tun haben. Holt die weg" (ebd.).

Der „heldenhafte" Widerstand bestand darin, dass die G.s diese Familie nicht denunziert haben. Eine zweifellos honorige Haltung, dass sie dies nicht getan haben. Aber daraus eine große Heldengeschichte zu konstruieren, erscheint etwas befremdlich. Im Einzelgespräch erzählt der Enkel Erich G.:

> „Wer weiß, was wir getan hätten [...]. Andererseits haben sie angeblich äh n paar Juden gerettet. Muss man ja auch anerkennen, [...] gut, können wir heute alles nicht nachvollziehen, auch dass sie's immerhin versucht haben oder tatsächlich durchgezogen haben" (ebd.).

Das Forscher_innenteam schlussfolgert, dass der Wunsch, eine widerständige Haltung der Großeltern vorzufinden, zu einem Wegstreichen des eigentlichen Aussagegehalts der ursprünglichen Erzählung führte. Also lautete die Quintessenz als Subtext des Familiengedächtnisses: Der Verzicht auf die Denunziation ist identisch mit einem heldenhaften Widerstand.

Ein zweites Beispiel zum Familiengedächtnis: Obwohl der Großvater ungeschminkt berichtete, dass er an Gräueltaten beteiligt war, relativieren die Folgegenerationen diese geschilderten Erfahrungen der Täter. Z.B. Herr H., Mitglied der Waffen-SS, erzählt, dass er 1943 in der SS-Division „Reich" in der Ukraine eingesetzt war. Der Interviewer fragt: „Gibt es denn auch Geschichten, die Sie Ihrer Tochter oder Ihrer Enkelin nicht erzählen würden?" (ebd., 46) Herr H. antwortet: „Nein, nein, nein. Da wäre ich also völlig offen und äh, ich brauch ich ihr nicht zu erzählen, dass ich Juden erschossen habe (haut auf den Tisch)" (ebd.). Ein paar Sätze später berichtet er über eine anlasslose gemeinsame Erschießung von russischen Soldaten: „Die haben natürlich keinen Augenblick länger gelebt […]. Aber das sind eben auch, das würd ich meiner Tochter erzählen" (ebd.). Die Tochter von Herrn H.:

> „Ich mein äh ich kann mir einfach vom deutschen Volk es mir nicht vorstellen, selbst so mein Vater oder sowas, die/ich glaube wirklich, die konnten sich das nicht vorstellen, dass sowas überhaupt passiert" (ebd., 48).

Das Forscher_innenteam kommentiert diese

> „Doppelstruktur von Wissen und Nichtwissen: Die Verbrechen hat es gegeben, aber niemand hat sie sich vorstellen können. Ihr eigener Vater war daran beteiligt, aber die Tochter nimmt das nicht zur Kenntnis […] Mit anderen Worten: Täter wie Herr H. rechnen ihre Taten nicht zum Holocaust – und gerade diese Selbstwahrnehmung und -darstellung liefert ein Deutungsangebot, dass von den Nachfolgegenerationen bereitwillig aufgenommen wird" (ebd., 49).

Ein Schlüssel zum Verstehen dieser konstruierten Heldengeschichten und dekonstruierten Tötungsgeschichten ist der Verweis auf die familiäre Loyalitätsverpflichtung bzw. -bindung:

- Im Kontext konstruierter Heldengeschichten: „Die Tendenz zur Heroisierung der Großelterngeneration zeigt in aller Deutlichkeit die gar nicht zu überschätzende Wirkung, die von Loyalitätsbindungen an geliebte Menschen auf das Geschichtsbewusstsein und auf die jeweilige Vergangenheitskonstruktion ausgeht" (ebd., 64).
- Im Kontext dekonstruierter Tötungsgeschichten: „Es ist so, als würden solche Erzählungen von den anwesenden Familienmitgliedern gar nicht gehört. Offenbar lassen die Loyalitätsbindungen des Familienzusammenhangs es gar nicht zu, dass ein Vater oder ein Großvater sich als eine Person zeigt, der einige Jahrzehnte zuvor Menschen getötet hat" (ebd., 52).

Das Forscher_innenteam fragt nach der allgemeinen Relevanz dieser konstruierten Heroisierungen und dekonstruierten Tötungen im Familiengedächtnis für die NS-Erinnerungsarbeit:

> „Der für die Geschichtspädagogik und -didaktik nicht unwichtige Befund, dass eine Aufklärung, die ein umfassendes Geschichtswissen über die Verbrechen des Nationalsozialismus etabliert, paradoxerweise das Bedürfnis evoziert, die eigenen Angehörigen von diesem Wissen auszunehmen […]. Für das Geschichtsbild vom

> Nationalsozialismus und vom Holocaust bedeutet das Phänomen der kumulativen Heroisierung: eine Restauration der tradierten, aber eigentlich längst abgelösten Alltagstheorie, dass ‚die Nazis' und ‚die Deutschen' zwei verschiedene Personengruppen gewesen seien, das ‚die Deutschen' als Verführte, Missbrauchte, ihrer Jugend beraubte zu betrachten seien, die selbst Opfer des Nationalsozialismus waren" (ebd., 79).

Ja, es ist auch für mich nahezu unvorstellbar. Und: Diese empirischen Befunde zum Familiengedächtnis sind nicht Ergebnisse von einem irgendwie „damals", sondern von der Gegenwart![37]

Das Forscher_innenteam erörtert noch die Ausnahme von der Regel des Geschichtsbewusstseins im harmonischen Familiengedächtnis – den Grenzfall: wenn ein Familienmitglied oder eine zentrale neue Information „das sorgsam kultivierte Bild von Vorfahren radikal in Frage stellt" (ebd., 22). Wenn also die „gute Geschichte" (ebd.) der Familie nicht mehr aufrechtzuhalten und fortzuschreiben ist. Da die Anzahl der exemplarischen Narrative bei dem Forscher_innenteam für diesen Grenzfall der Familiengedächtnisse begrenzt ist, wechsle ich hier die Lesequellen – auch, um auf die folgenden Kapitel meiner Überlegungen mit „Grenzfällen" vorzubereiten.

Der Journalist und Schriftsteller Matthias Lohre schreibt in seinem autobiographischen Buch „Das Erbe der Kriegsenkel" (2016) über sich als Kriegsenkel im Umgang mit dem Schweigen der Eltern und Großeltern zum nationalsozialistischen Erbe. Er rekonstruiert im Buch eine seiner Situationen bei einem Psychotherapeuten: „Die Ursachen meiner Probleme kenne ich also sehr genau […] Im Zentrum steht das Schweigen meiner Eltern. Aber wo liegt die Lösung?" Dieses „monströse Schweigen" (Lohre 2016, 138) thematisiert er als transgenerationelle Traumatisierung (s. hierzu auch Kap. 4). Über seinen Großvater

37 Diese qualitative Interview-Studie wurde 1989 durchgeführt. 2002 folgte eine Folgebefragung als quantitative repräsentative Erhebung: „Die Ergebnisse der Repräsentativbefragung werfen ein klares Licht darauf, dass in der Gesamtbevölkerung weit überwiegend die Auffassung vorherrscht, dass eigene Familienangehörige keine Nazis waren; Antisemiten und Tatbeteiligte scheinen in deutschen Familien praktisch inexistent gewesen zu sein" (Welzer u.a. 2005, 247).

schreibt er Allgemeines und Besonderes. Im Sinne des oben zitierten Forscher_innenteams verweisen die Schilderungen auf einen „Grenzfall", bei dem die Harmonie der Familienloyalität durch Neubearbeitung der Vergangenheitsbilder gestört wird:

- Allgemeines: „Mein Großvater zählte zu den hunderttausenden Deutschen, die von der systematischen Entrechtung und Verfolgung ihrer Nachbarn profitierten. Sie kauften ihre Häuser, übernahmen ihre Geschäfte und ersteigerten auf staatlichen Auktionen beschlagnahmtes ‚Judengut'. Im ganzen Land wurden so aus Zuschauern Komplizen" (Lohre 2016, 136).
- Besonderes: „das Haus. Sicher ‚wollte' das Ehepaar Davids sein Heim nicht veräußern (die jüdischen Vorbesitzer des Hauses seiner Großeltern, H.F.); es wurde dazu gezwungen. Das Angebot meines Großvaters lag deshalb vermutlich weit unter dem geschätzten Wert des Hauses. Die dazu gehörigen Unterlagen sind verschollen" (ebd., 135).

Per Leo, Historiker und Schriftsteller, notiert in seiner Publikation „Tränen ohne Trauer" (2021) über die aktuellen Grenzen der Erinnerungskultur in Deutschland: „Ich träume davon, dass in ein paar Jahren die aufgeklärte Unaufgeräumtheit […] im post-arischen Deutschland zum Leitbild für den Geschichtsunterricht geworden ist" (Leo 2021, 232). Leo über seinen Großvater:

> „Friedrich Leo, der Kariere in der SS machte, und davon träumte, nach dem Krieg als Wehrsiedler einen Hof in den eroberten Ostgebieten zu übernehmen, steht in dieser Geschichte nicht da, wo er sich selbst sah. Er steht nicht neben seinen sudetendeutschen ‚Volksgenossen', die 1945 unter grauenvollen Umständen aus den tschechischen Grenzgebieten vertrieben wurden. Im Panorama dieser Gewaltgeschichte steht er in der Reihe all derer, die über Leben und Tod entschieden, als sie ganze Bevölkerungen enteigneten, zwangsumsiedelten, in den Grenzgebieten auf ihre Assimilierbarkeit examinierten, vertrieben, deportierten und auf vielfältige Weise in die Vernichtung schickten" (ebd., 225).

Die Schilderung kennzeichnet eine Meta-Perspektive auf die Familiengeschichte als aktiven Teil der allgemeinen NS-Geschichte, die sich loslöst von der Unschuldsperspektive. Nach Welzer kann auch diese Schilderung als ein „Grenzfall" bezeichnet werden.

Es ist wichtig, all diese beschriebenen Facetten der Vergangenheitsvergegenwärtigung und der Realitätsverweigerung im Zusammenhang mit einer aufklärenden und einer aufgeklärten NS-Erinnerungskultur zu reflektieren.

4. Intergenerationelle Traumatisierungen: Generationenübergreifende „Verträge“

Torben Fischer und Matthias Lorenz formulieren, was grundsätzlich „Alle“ nach 1945 sahen und sehen konnten: „Die Bilder der Vernichtung erhielten den Status von Ikonen der Veralltäglichung in Schulbüchern, Gedenkstätten sowie Film- und Fernsehbeiträgen“ (Fischer/Lorenz 2007, 156). Aber die „inneren“ Bilder der Zeitzeugen, die dabei nicht gesehen werden konnten, blieben wie versteckte Wunden, die nie ausheilten. Sie waren in den zumeist verdrängten, verleugneten, oder neu- bzw. umcodierten Erfahrungslabyrinthen der Täter- und der Opferkohorten, in der Hoffnung so „verarbeitet“, dass diese Erfahrungen nicht mehr erkennbar sein würden.

> „Letzteres gilt im Übrigen vielmehr für die Täter, die ihre Täterschaft verbergen wollen oder müssen, als für die Opfer, die mit den Konsequenzen der gegen sie angewendeten Gewalt lebenslang zu kämpfen haben“ (Chernivsky 2016, S. 152).

Die Folgegenerationen „erwerben“ diese nachwirkenden, kaum offen ausgesprochenen Erfahrungen, als immaterielles Erbe, als „Gefühlserbschaften“[38]. Es ist wie ein inkorporiertes Wundmal, das – in der Regel unkenntlich gemacht – für die Nachkommen zum Mahnmal wird. Man kann sich dem nicht entziehen. Es sind gleichsam generationenübergreifende „Verträge“.

Christiane Hoffmann (1967 geboren), beschreibt in ihrem Buch „Alles, was wir nicht erinnern“ (2022) ihren verzweifelten Versuch, diese generationsübergreifenden „Verträge“ zu de-

38 Den Begriff „Gefühlserbschaften“ hatte erstmals Sigmund Freud in seiner Arbeit „Totem und Tabu“ geprägt. Angst, Panik, Gewalt und Traumata, aber auch widersprüchliche Erfahrungen – all das wirkt sich nicht nur auf diejenigen aus, die es selbst erleiden, es kann sich sogar auf die nachfolgenden Generationen auswirken. Diese entwickeln dann Symptome, als hätten sie das Leid der Eltern oder Großeltern selbst erlebt. Freud sprach von der unbewussten Weitergabe von Traumata und Schuldverstrickungen (vgl. Freud 1913).

chiffrieren. Sie rekonstruierte den Fluchtweg ihres Vaters (1945) aus Rosenthal (heute: Rozyna) in Schlesien nach Norddeutschland. Sie beklagt dabei, dass Ihr verstorbener Vater über seine beschwerliche Fluchtgeschichte im Alter von zehn Jahren sein Leben lang geschwiegen habe. Hoffmann wollte über das Medium der Wiederholung des Fluchtweges ihrem Vater nahe sein und im virtuellen Zwiegespräch mit ihm an den Ereignissen ihres Vaters teilhaben – die ursprüngliche Heimat Ihrer Herkunftsfamilie vergegenwärtigen:

> „Der Heimatverlust, den du nicht fühlen kannst, macht mich rastlos. […] ich trete das Erbe an, das du zurückgewiesen hast, ich gehe noch einmal den Weg deiner Flucht, ich nehme an deiner Stelle Abschied von Rosenthal, den Abschied, den ihr nie nehmen konntet. Ich bin krank von dem Heimweh, das du nie hattest“ (Hoffmann 2022, 257).

Ihre Eltern hatten jahrzehntelang geschwiegen, erlitten jahrzehntelang in den Nächten Schmerzen, Albträume und Schreikrämpfe. Hoffmann versucht, das Verborgene der Fluchterfahrung ihres Vaters aufzudecken. Auf ihrem Fußweg, im virtuellen Zwiegespräch mit ihrem Vater, beklagt sie die Verlassenheit ihres Vaters und seine mangelnde Selbstsorge: „Niemand kämpfte für dich. Nicht der Lehrer, nicht die Mutter, nicht dein Bruder Manfred […] Auch nicht du selbst“ (ebd., 257). Wie in einer testamentarischen Eröffnung für ihre beiden Töchter schreibt sie abschließend:

> „ich wollte, so erscheint es mir im Nachherein, eine Brücke zwischen ihnen (ihren Töchtern, H.F.) und dir und Rosenthal bauen, über mich, über meine Generation hinweg, wollte ich diese Herkunft in sie einbrennen wie ein Brandmal, damit sie Rosenthal nie vergessen würden“ (ebd., 216).

Hoffmann schreibt mit emotionaler Ergriffenheit und Ansätzen von Heimat-Revanchismus im Kontext ihrer vierzigtägigen Rekonstruktionserfahrung des Fluchtwegs. Dabei fordert sie ständig indirekt ein: ‚Sprich mit mir, Vater!‘ (vgl. Friebel 2022b). Sie kämpft darum, das Erbe ihres Vaters zu begreifen.

Marina Chernivsky, Leiterin der Beratungsstelle bei antisemitischer Gewalt und Diskriminierung (OFEK) e.V. beschreibt deutlich die Wirkungen der chiffrierten Gefühlsbotschaften bei den nachfolgenden Generationen:

> „Es wird zunehmend sichtbar, dass die traumatischen Erfahrungen der Opfer sowie die verschwiegenen Taten der Täter den psychischen Binnenraum ihrer Nachkommen besetzen und Gefühle wie Angst, Wut, Schuld und Scham nach sich ziehen“ (Chernivsky 2016, 151).

Chernivsky schreibt – in Anlehnung an Forschungsergebnisse der Psychoanalyse – von einem „unbewussten“ oder „vorbewussten“ Nacherleben der Gefühlserbschaften in den Folgegenerationen als „Postmemory“[39]:

> „Die Wahrnehmung der Gegenwart ist häufig geprägt durch Vergangenheiten, die wir nicht selber erlebt haben Das Konzept der ‚Postmemory‘ veranschaulicht dieses Nachleben – als Reaktion – der Nachkommen auf die Erfahrungen der vorausgegangenen Generationen, welche von ihnen nicht direkt erfahren wurden, aber trotzdem präsent sind. ‚Postmemory‘ bedeutet also eine Verbindung in die Vergangenheit durch Imagination, Projektion und nachempfundener Konstruktion. So kann der eigene Lebensfluss durch traumatische Bruchstücke von Ereignissen geformt werden, die jedes Verstehen übersteigen und sich der (Be)Sprechbarkeit noch immer entziehen“ (Chernivsky 2016, 152).

Das Nacherleben wirkt sich dann in den Folgegeneration wie ein psychisch-soziales Nachbeben aus:

> „Wer mit überwältigenden Erinnerungen, aber auch mit versteckten oder widersprüchlichen Erinnerungen aufgewachsen ist, kann von Geschichten beherrscht werden, die der eigenen Bewusstwerdung vorausgegangen sind. Damit stellt sich auch die Frage, was Generationen der Täter- und der Opferfamilien voneinander unterscheidet, was sie verbindet, und welche Rolle die bewusste, wie die unbewusste Tradierung spielt“ (ebd., 152).

Folgend veranschauliche ich die Gefühlsvererbung zwischen den Generationen und ihre Wirkung im Leben der Kriegskinder und -enkel anhand von Lebensbeschreibungen Betroffener. Ge-

39 Die „Postmemory“-Forschung spricht von expliziten oder impliziten „Anrufungen“, „Aufträgen“ – z.B. in Bildform, Affekten, Andeutungen, Gesten – an die Nachkommen, die sich in deren Lebenslauf geradezu dirigistisch „einschreiben“ (vgl. Hirsch 2012).

fühlsvererbungen beeinflussen die Leben der Nachkommen sowohl in Täter- als auch in Opferfamilien. Gleichwohl bestehen deutliche Unterschiede zwischen den beiden Gruppen, die einer gemeinsamen Darstellung entgegenstehen. Ich beginne daher mit den Schilderungen von Matthias Lohre und Christiane Friedrich als Repräsentant_innen von Nachfahren der Tätergeneration. Hiernach wende ich mich den Gefühlsvererbungen in Opferfamilien zu, die durch die Berichte von Tatjana Schmidt und Alexander Nachamer repräsentiert werden.

Matthias Lohre (1976 geboren), er wurde schon weiter oben im Text als Kriegsenkel einer NS-Täter-Familie eingeführt, ist in der alten Bundesrepublik Deutschland aufgewachsen und wurde von mir im Sinne der hier diskutierten Familiengedächtnisse als „Grenzfall" markiert. Er äußerte sich hinsichtlich seines Familienerbes sowohl mit der Kritik an seinen Vorfahren („Mein Großvater zählte zu den hunderttausenden Deutschen, die von der systematischen Entrechtlichung und Verfolgung ihrer Nachbarn profitierten", Lohre 2016, 136) als auch hinsichtlich des bleiernen Schweigens seiner Eltern („monströses Schweigen", ebd., 138).

Lohre beklagt in seinem Buch „Das Erbe der Kriegsenkel"[40] heftig, dass ihm über Jahrzehnte hinweg sein Innenleben fremd

40 Als ich 2016 dieses Buch las, wirkte es auf mich auch wie ein Therapeutikum. Mein Vater und meine Mutter waren fürsorgend im Umgang mit mir und meinem älteren Bruder. Es gab auch keinerlei physische Gewalt oder laute Familienkonflikte innerhalb unserer Familie, es wurden keine innerfamiliären Konflikte gelebt. Aber es regierte eine unfassbare Gefühlsarmut. Ich fand keine reife Beziehung zu meinen Eltern und zu meinem Bruder. Es war eine undurchdringliche „Nebelwand", die uns daran hinderte, Verbundenheit miteinander zu fühlen. Das war zusammen mit der dramatischen familiären Sprachlosigkeit über den Nationalsozialismus prägend für meine Sozialisation. Mein Vater sprach nicht ein einziges Mal über seine NS-Erinnerungen – mein Bruder und ich fragten ihn nicht ein einziges Mal danach. Ich weiß bis heute nicht, warum nicht. Er war als einfacher Gefreiter der Wehrmacht im NS-Krieg seit 1940 in Richtung Osten. Ich wurde 1943 geboren und er geriet 1944 in sowjetische Gefangenschaft. Bis 1948 war er in einem sibirischen Lager interniert. Dann kam er frei. Er starb wenige

blieb – inklusive Liebesentzug durch die Mutter und Schläge durch den jähzornigen Vater (1943 geboren). Er fragt sich – quasi stellvertretend für die Enkelgeneration dieser Zeit insgesamt:

> „Warum haben sich unsere Eltern so monströs verhalten? Wir wussten nicht, was NS-Zeit, Krieg und Nachkrieg in ihnen angerichtet hatten, und was das mit unserer persönlichen Lebenslust zu tun hat. Wir blieben in der kindlichen Annahme, dass wir etwas ‚falsch' gemacht haben mussten, dass sie wütend und traurig gemacht hatte. Dass der Ursprung ihrer Wut und Niedergeschlagenheit nichts mit uns zu tun hatte und der Art, wie wir uns als Kinder verhalten hatten, das konnten wir ahnen, aber nicht wissen" (ebd., 177f.).

Lohre führt vor dem Hintergrund seiner Patientenerfahrung als Erwachsener in der Psychotherapie weiter aus: „Nehmen wir das neugewonnene Wissen hinzu, wird der Blick auf unsere Familiengeschichte tiefer und klarer" (ebd., 178). Traumatisierende Auslöser seiner Unmöglichkeit „selbst" zu sein, war dieses permanente elterliche Beschweigen.

- „Schweigen erstickt jede Verarbeitung der traumatischen Erfahrungen" (ebd., 90)
- „das Schweigen pflanzt sich fort" (ebd., 91)

Matthias Lohre erinnert sich an sein Eltern-Haus:

Jahre später an den Verletzungsfolgen des Krieges und wohl auch den Entbehrungen in der Lagerhaft. Als ich Anfang der 90er Jahre die elterliche Wohnung auflöste, fand ich in den Unterlagen ein Schreiben mit SS-Logo. Sinngemäß stand darin „Walter Friebel wurde nach drei Monaten Dienst wegen Untauglichkeit aus der SS entlassen". Ich hatte überhaupt keine Ahnung davon. Nach dem Tod meines Vaters (ich war 15 Jahre alt) bekam ich ein wunderbares Geschenk: Der Mitbegründer der Aktion Sühnezeichen/Friedensdienste, Pastor Dr. Franz v. Hammerstein, nahm sich meiner als väterlicher Freund an. Über Jahrzehnte hinweg waren wir Freunde auf Augenhöhe und ich bekam das Gefühl, geliebt zu werden und lieben zu können. Zwei seiner älteren Brüder hatten aktiv im NS-Widerstand gekämpft. Deshalb konnte ich viel über den Nationalsozialismus erfahren.

„Je näher ich kam, desto trübsinniger wurde ich. Wenn ich schließlich die Haustür öffnete, umfing mich, was Kriegsenkel heute als ‚bleierne Schwere', ‚unsichtbaren Nebel' oder ‚schwarzes Loch' beschreiben [...]. Kriegsenkel wissen aus eigener Erfahrung, wie quälend die Bindung an die Eltern sein kann. Sie fühlen sich ihnen gegenüber fremd, sehnten sich aber noch als Erwachsene nach ihrer Zuneigung. Innerlich ähnlich zerrissen waren die Kriegskinder. Auch sie lernten früh, dass hinter dem Schweigen ihrer Eltern Monströses lauern musste" (ebd., 138).

Christiane Friedrich (1981 geboren) erzählt auch im Sinne der Kategorie „Grenzfall" des Familiengedächtnisses ihre Erfahrungen. Sie ist in der ehemaligen DDR aufgewachsen. Sie hat ihren Erfahrungsbericht über ihre selbstreflexive Erinnerungs-Arbeit mit „Mein Großvater, der Krieg und ich" überschrieben. Ihre Großeltern, so schreibt sie, hatten in ihr „spezifische Geschichtsbilder erzeugt" (Friedrich 2016, 165) und sie damit „in ihre stillen Versprechen und Loyalitäten" mitgenommen (ebd.). Im Geschichtsunterricht in der Schule erfuhr sie jedoch „eine ganz neue Deutung" (ebd.). Sie trug sich demzufolge mit „zwei Wirklichkeiten parallel nebeneinander" (ebd.) herum.

Friedrich: „Erst als erwachsene Enkelin gelang es mir, in vielen Gesprächen mit anderen meiner Generation, eine Vielzahl an Knoten und Verwirrungen zu entzerren und manche zu lösen" (ebd.). Sie hatte insbesondere durch eine angeleitete Erinnerungsarbeit in einer „Selbsthilfegruppe"[41] ihren Reflexionsprozess realisieren können. Anhand von drei exemplarischen Ereignissen in ihrer Herkunftsfamilie – mit ihrem geliebten Großvater – beschreibt sie die Zerreißproben des Familiengedächtnisses: Bei der ersten Erinnerung ist Friedrich als Kind im elterlichen Obstgarten mit ihrem Großvater: dieser erzählt ihr, wie er als Schulkind plötzlich mit anderen Schülern und Schülerinnen zusammen in die Dresdner Innenstadt gefahren wurde, „um zu helfen" (ebd., 169), weil in der vorherigen Nacht Bombenangriffe der Alliierten verheerende Schäden angerichtet hatten.

„So stürzten diese Kinder bis zum Abend ungeschützt durch die Straßen und Ruinen, sahen Soldaten, die zwischen Haufen verkohlter Leichen ein spärliches Mahl aßen, um dann irgendwann,

41 Die Gruppe nannte sich „Intervisionsgruppe". Ich komme auf diese Gruppenarbeit im Folgekapitel direkt zurück.

> verschreckt und voller Angst, wieder zusammengetrieben und zurückgefahren zu werden. In meiner kindlichen Fantasie saß eine Versteinerung in unserer Mitte; die wob um uns beide im Garten, in dem uns sonst niemand hörte, ein festes Band“ (ebd.).

„Eine zweite markante Erzählung war ein Gedenken an meinen Urgroßvater“ (ebd.). Ihr Urgroßvater väterlicherseits war Offizier der Wehrmacht im Zweiten Weltkrieg. Er wurde nach Kriegsende „von den Russen“ interniert und „verhungerte“ 1946 in einem russischen Gefangenenlager.

> „Als Kind hörte ich die Geschichte um meinen Urgroßvater immer mit großer Bedrückung. So viel Schwere, Schweigen und verklumpte Trauer war im Raum, dass mir erst 30 Jahre später Fragen zu den genauen Umständen seines Todes einfielen und ich mich traute, diese zu äußern. Diese Geschichte war wie versiegelt“ (ebd.).

Friedrich erfuhr Jahre später, dass der Urgroßvater in der DDR als Kriegsverbrecher galt, und dass er nach der deutsch-deutschen Vereinigung rehabilitiert worden war. Sie berichtet weiter: „Mit der Unantastbarkeit des Großvaters in meiner Kindheit wuchsen auf seltsame Weise Ressentiments gegen andere Personengruppen“ (ebd., 171). Zum endgültigen Eklat mit ihm kam es, als sie als Teenagerin mit Mitgliedern der „Jungen Gemeinde“ nach Dresden fuhr, um die damalige „Wehrmachtsausstellung“ zu besuchen,

> „die erstmals für ein breites Publikum die Verbrechen der deutschen Wehrmacht, besonders an der Zivilbevölkerung, zum Thema machte. […] Mein Opa war kurz außer sich – und dann wurde er stumm. Seine Missbilligung erfuhr ich über ein Schweigen, eine erneute Kälte. Und das schmerzte mich sehr“ (ebd.).

Das Zerwürfnis war damit vorprogrammiert: Ihr Urgroßvater als Mitglied der Wehrmacht, der Vater ihres Großvaters, stand damit am Pranger. Und die Urenkeltochter „besucht[e] ein öffentliches Gedenken“, dass die Männer der Urgroßelterngeneration „mit Schuld und Beschuldigung überz[og]“ (ebd.).

Friedrich hatte sich danach für ein „anderes“ Leben entschieden und zog fort aus der ländlichen Heimat. Sie folgte ihrem Wunsch nach Klarheit. Im Schutzraum der Reflexionsgruppe als „Intervisionsgruppe“ bekam „Verstörendes einen neuen Rahmen“ (ebd., 166):

> „Das gemeinsame Erinnern über den Zeitraum eines Jahres war ein Geschenk […]. Es hatte für mich etwas sehr Nährendes und Versöhnliches, zu verstehen, was es für mich als Enkelin bedeutet, wenn Familiengeschichte und kollektive Geschichte unter dem Vorzeichen eines Krieges erzählt und erinnert wird.“ (ebd., 167).

Sie schreibt resümierend über die Erinnerungsarbeit von dem Erwerb „einer inneren Freiheit, wählen zu können“ (ebd., 173).

Zwei Täter-Familien-Geschichten: Mit den Erzählungen aus dem Mikrokosmos Familie von Matthias Lohre („Eltern: Monströses Schweigen“, 138) und von Christiane Friedrich („Geschichte war wie versiegelt“, 169) bekommen die latenten und verdrängten Emotionen in Täterfamilien einen konkreten Bezug. Auch lassen sich die Konsequenzen der Gefühlsvererbungen für die Lebensgestaltung der nachfolgenden Generationen nachvollziehen, die Chernivsky mit den Worten zusammenfasst:

> „Auf diese Weise wurden Kinder der verstrickten Generation zu unbewussten und ungewollten Erben der elterlichen [oder auch großelterlichen, H.F.] Vergangenheit und übernahmen auch ihre anverwandelten Praktiken der Abwehr“ (Chernivsky 2016, 154).

Wissenschaftlich bieten sich zur weiteren Bearbeitung der Wirkung von Gefühlsvererbungen die Anknüpfungspunkte

- zur psychoanalytischen Diagnose „psycho-sozialer Immobilismus“ (Mitscherlich 1967, 44) im Kontext der „Unfähigkeit, zu trauern“ und
- zu der Bedeutung von familiären „Loyalitätsbindungen“ (Welzer u.a. 2005, 52) im reaktionären Geschichtsverständnis.

Wir wenden uns nun zwei Opfer-Familien-Gedächtnissen zu. Tatjana Schmidt (1969 geboren), Enkelin ihrer nach Auschwitz deportierten Großeltern, berichtet einleitend über Suizid-Versuche ihres Großvaters nach der Befreiung aus dem Vernichtungslager:

> „Wissen Sie, wie oft mein Opa Selbstmord machen wollte? Der hatte einen Waffenschein, war im Schützenverein. Ich hab das als Kind immer schon mitgekriegt, wenn er was getrunken hatte. Dann

ist er ins Schlafzimmer gegangen, hat seine Waffe geholt und wollte sich umbringen. Ich hab dann gehört, wie meine Oma geschrien hat und ihm die Waffe weggenommen hat. Zweimal habe ich es auch selbst gesehen, wie er auf dem Bett saß mit der Waffe am Kopf: ‚ich kann nicht mehr, ich will nicht mehr'. Bis zuletzt war das so" (von Treuenfeld 2020, 172).

Sie berichtet anschließend von Erzählungen ihres Opas über unvorstellbare Gräueltaten der KZ-Nazis:

> „Mein Opa ist nach Auschwitz gekommen mit seiner [ersten, H.F.] Frau Wilhelmine und den sechs Kindern […] Seine Frau hatte die älteren Kinder bei sich und mein Opa das Baby auf dem Arm und den Zweijährigen an der Hand. Das Baby hat so geweint, und ein SS-Mann wollte es ihm wegnehmen, und mein Opa hat gesagt: ‚Einen Moment, bitte lassen Sie mich ihn doch ganz kurz beruhigen'. ‚Ja', hat der gesagt, ‚Ich beruhige den schon'. Und hat das Kind weggerissen, die Beine in der Hand gehabt und mit dem Kopf gegen den Waggon geschlagen. Das war sofort tot. Mein Opa hat später gesagt, am liebsten hätte er den SS-Mann umgebracht. Aber dann hat er gedacht, wenn ich jetzt eine falsche Bewegung mache, dann ist das andere Kind als nächstes dran. Aber er hat natürlich geschrien: ‚Mein Kind, mein Kind'. Der SS-Mann hat ihm das Gewehr in den Magen gestoßen, sodass er zusammengebrochen ist. Als er wieder zu sich gekommen ist, haben sie ihn weggeschleift. Und sein zweijähriger Sohn war auch weg. Mein Opa hat uns nicht viel erzählt. Aber immer wieder von dem Baby. Und dann hat er geweint" (ebd., 172).

Weiter berichtet Tatjana Schmidt, dass ihr Opa am Tag nach der Befreiung überall nachgefragt habe, „wo seine Familie abgeblieben ist. Und alle haben ihm gesagt: Brauchst du gar nicht mehr zu suchen, die sind tot. Alle" (ebd., 173). Und sie berichtet anschließend die Erzählungen ihrer Oma (Die Großeltern hatten sich im KZ kennengelernt und danach geheiratet). Oma:

> „Deinen Opa wollte ich eigentlich gar nicht heiraten […] Der ist immer nachts mit einer Flasche Whisky unter dem Kopfkissen eingeschlafen. Dann hat er geschrien und ist aufgewacht und hat sofort nach dem Whisky gegriffen. Wir waren alle geschockt nach dem KZ, aber der konnte ohne Alkohol die ersten Jahre überhaupt nicht auskommen" (ebd., 177).

Tatjana Schmidt beschreibt eine „ganz innige Beziehung“ (ebd., 178) mit ihren Großeltern:

> „Das waren nicht nur Oma und Opa, die waren auch meine besten Freunde. Bezugspersonen, denen ich auch alles erzählen konnte. Gleichzeitig hatte ich das Gefühl gehabt, ich müsste sie beschützen. Was sie andersrum auch hatten. Sie haben immer gesagt: ‚Passt auf, lasst euch nicht mit den Deutschen ein. Die können euch so viel Schlechtes antun. Die sind erst lieb und nett‘“ (ebd., 178).

Und Frau Schmidt beendet ihren Bericht – ihr Familiengedächtnis – mit den Worten: „Meine Mutter hat jetzt wieder Angst, weil die AfD so hochgekommen ist“ (ebd.).

Auch Alexander Nachamers (1983 geboren) Großeltern waren von den Nazis ins Konzentrations- und Vernichtungslager Auschwitz deportiert worden. Nachamer ist Rabbiner, wie sein Vater und sein Großvater. In Auschwitz musste sein Großvater in einem Steinbruch arbeiten. Alexander Nachamer berichtet über die Gewalterfahrung seines Großvaters im KZ, „dass er kopfüber aufgehängt wurde und die Füße ausgepeitscht wurden. Das hat ihn Zeit seines Lebens begleitet, er hatte Schmerzen und konnte nicht mehr gut laufen“ (ebd., 152). Im Lager wurde er wegen seiner attraktiven Gesangsstimme als „Sänger von Auschwitz“ bezeichnet. Er hatte dann auch dem SS-Wachpersonal vorsingen müssen – und bekam dafür gelegentlich etwas Brot. Der Opa erzählte seinem Enkel: „Das [Brot, H.F.] wurde mir vor die Füße geworfen“ (ebd., 160). Alexander Nachamer erinnert sich an seine kindliche Reaktion auf diesen Bericht seines Opas:

> „Das war etwas, das konnte ich mir als Zehn- oder Zwölfjähriger überhaupt nicht vorstellen: Was auf dem Boden liegt, das isst man doch nicht mehr. Und das war dann so ein Moment, in dem ich festgestellt habe, okay vielleicht war das damals einfach anders. Oder auch, dass er Reinigungsarbeiten durchführen musste auf Toiletten – und nichts hatte. Sie mit den Händen saubermachen musste. Das konnte ich mir überhaupt nicht vorstellen“ (ebd.).

Nachamer berichtet weiter über seinen Opa,

> „dass er bei seinem Vater, also meinem Urgroßvater, nicht mal so genau wusste, wann das [die Ermordung, H.F.] passiert war. Er ist auch nach Auschwitz deportiert worden und sie haben sich nie wie-

dergesehen. Und dann kam die Frage: ‚Hast du auch Geschwister?‘. Er hat tief geatmet. Und offensichtlich überlegt, was sag ich jetzt? Er hat mir dann die Namen seiner beiden Schwestern gesagt und die Daten. Ich glaube, er hat einfach für alle 1945 als Todesdatum angegeben […]. Ich habe auch nicht mehr gefragt, weil das wieder so eine Situation war, in der klar war: Geht jetzt nicht, der ist schon so mitgenommen, willst du jetzt lieber nicht vertiefen. Das auch seine erste Frau in Auschwitz umgekommen ist, wusste ich irgendwann“ (ebd., 154).

Über die Befreiung des Großvaters im April 1945 berichtet er auch: „Er ist befreit worden auf dem Todesmarsch. Sie sind eingeschlafen in der Nacht, und am nächsten Morgen waren die Wachmannschaften alle weg“ (ebd., 155). Der Großvater kam nach Berlin und erkundigte sich in der Jüdischen Gemeinde über weitere Lebens-Möglichkeiten:

„das Erste, was passierte: Es erkannte ihn ein Mann. ‚Du bist doch der Sänger von Auschwitz‘ […]. Der hat sich dann um ihn gekümmert […]. Die haben ihn gefragt, ob er sich vorstellen konnte, Kantor zu werden […]. Das hat er dann gemacht am 1. Juli 47, bei der Einweihung des großen Synagogenraums, wurde er als Kantor angestellt bei der Jüdischen Synagoge“ (ebd., 157).

Nachamers Großvater wurde dann in Berlin ansässig, wo er „sehr aktiv war im christlich-jüdischen Dialog“[42] (ebd.). Sein Großvater war auch in anderen NS-Erinnerungsaktivitäten engagiert:

---

42 Als ich diese Textzeile von Alexander Nachamer über seinen Großvater Estrongo Nachamer in Berlin bei der Jüdischen Gemeinde las, kam mir die Idee, ob sein Großvater derjenige war, den mein väterlicher Freund, Pfarrer Dr. Franz von Hammerstein, in den späten 1950er Jahren immer besuchen ging, um mit ihm Wege der Versöhnung zu besprechen. Manchmal hatte mich Franz mitgenommen, wenn er ganz kurz etwas mit Estrongo Nachamer besprechen wollte. Ich war dann im Vorraum geblieben. Anschließend sind Franz und ich immer in ein Restaurant gegangen: Und Franz erzählte mir von seinen Gesprächen und Vereinbarungen mit Estrongo Nachamer. Ich hatte nach der Lektüre der Erinnerungs-Schrift von Alexander Nachamer den Kontakt mit ihm aufgenommen und meine Vermutung stimmte. Ich war bewegt und glücklich: Der Großvater Nachamers und mein väterlicher Freund hatten sich im christlich-jüdischen Dialog gefunden.

> „Er hat in einem der Frankfurter Auschwitz-Prozesse[43] ausgesagt, aber hinterher nie darüber gesprochen. Vielleicht weil es so frustrierend für ihn war, dass man wenig hingehört hatte, was die Zeugen zu sagen hatten“ (ebd., 158).

Herr Nachamer resümiert: „Aus allen Erzählungen meines Großvaters über Auschwitz [...] entstanden weitere Fragen, bei denen am Ende immer herauskam, dass er dort war, weil er jüdisch war“ (ebd., 159). Alexander Nachamer berichtet über sich selbst, über sein „jüdisch-sein“, dass er nicht auf eine jüdische Schule gegangen war, weil seine Eltern wollten, dass er auch das nicht-jüdische Leben kennenlernt. Er erinnert sich der Sätze seiner Eltern: „wir leben das Jüdische ja zu Hause, die Kinder brauchen das nicht unbedingt in der Schule“ (ebd., 160). Und er kommt auf seine Schulerfahrungen im Zusammenhang mit der NS-Erinnerungskultur zu sprechen. Seine Schulklasse fuhr zum Konzentrationslager Sachsenhausen:

> „Im ersten Moment war ich etwas enttäuscht, weil außer ein paar Baracken nur noch wenig da war – und die Vorstellungskraft von dem, was da gewesen sein könnte, dadurch sehr gemindert war. Das, was da passiert ist, das war so weit entfernt von dem, was wir sahen. Es war ein so friedlicher Ort, es war auch ein schöner Tag. Und danach ist keine große Diskussion oder gar das große Entsetzen losgegangen. Sondern: Das war halt ein Ausflug wie andere Ausflüge, die wir gemacht haben“ (ebd., 161).

Bezogen auf seine Schulkamerad_innen berichtet er, dass die Mehrheit seiner Mitschüler_innen diesen Ausflug zur Gedenkstätte KZ-Sachsenhausen mit „Ach, schon wieder das“ (ebd., 160) kommentiert hatte. Und – offensichtlich etwas irritiert – schreibt er: „Interessanterweise ist (aber auch) nie jemand auf mich zugekommen und hat nach der Geschichte meiner Familie gefragt“ (ebd.). Zum Schluss seines Textes kommt Alexander Nachamer auf seine Berufswahl zu sprechen:

> „Ich habe mich schon immer gefragt, ob meine Berufswahl mit meiner Familiengeschichte zusammenhängt. Natürlich war mein Großvater ein großes Vorbild, das ist klar. Auch mein Vater, er ist

43 Frankfurter Auschwitz-Prozesse s. Kap. 3.

> ja bis heute Rabbiner, ist ein Vorbild. Was ich spüre, ist die Verantwortung, Judentum in Deutschland zu erhalten“ (ebd., 162).

Es sind Schilderungen von vier familienbiografische Erinnerungen von vier unvertretbaren, einzigartigen Leben im Kontext unterschiedlicher nationalsozialistischer Rahmenbedingungen: Jeweils zwei aus der Täter-Familien-Perspektive und zwei aus der Opfer-Familien-Perspektive[44], die ich sekundäranalytisch für diese Schrift bearbeitet habe. Ich würde es als vermessen betrachten, wenn ich elaborierte Vergleiche ziehen würde. Unmittelbar nachvollziehbar ist jedoch, dass die geschilderten und traumatisierenden Ereignisse und Bedingungen der Täter- und der Opferfamilien qualitativ und quantitativ zu unterscheiden sind. Meine These ist, dass die familiären Anziehungskräfte – der Familienangehörigen im Binnenverhältnis zueinander – in den beiden Opferfamilien weitaus ausgeprägter sind als in den beiden Täter-Familien, in denen eher eine „Fliehkraft“ der Erzählenden dominiert.

In Bezug auf die im Fachdiskurs, am häufigsten im deutschsprachigen Raum, rezipierte Definition des Trauma-Begriffs von den beiden Psychotraumatologen Gottfried Fischer und Peter Riedesser (2020), können wir davon ausgehen, dass das Trauma ein

> „vitales Diskrepanzerlebnis [ist, H.F.] zwischen bedrohlichen Situationserfahrungen und den individuellen Bewältigungsmöglichkeiten, das mit Gefühlen von Hilflosigkeit und schutzloser Preisgabe einhergeht, und so eine dauerhafte Erschütterung von Selbst- und Weltverständnis bewirkt“ (Fischer/Riedesser 2020, 88).

Die beiden Opfer-Familien mit Auschwitzerfahrungen zeigen eine Totalität von existenziellen Diskrepanzerlebnissen. In diesen beiden Texturen gibt es keine Hinweise auf entgegenkommende starke Unterstützungen nach der Auschwitzerfahrung – eher wohl Kennzeichen einer fortschreitenden Chronifizierung des Diskrepanzerlebens. Den Berichten aus den beiden Täter-

44 Die vollständigen Textpassagen aus der Opfer-Familien-Perspektive sind nachzulesen in der Publikation von Andrea von Treuenfeld (2020). Das Buch vereint Zeugnisse der Enkel und Enkelinnen von Auschwitz-Überlebenden. Es sind Berichte darüber, wie wirkmächtig die Verbrechen von damals heute noch sind.

Familien entnehmen wir hingegen, dass Schon-, Therapie- und Lernräume im Lebenslauf genutzt wurden.

Gleichwohl: Jeder dieser Berichte ist als etwas Einzigartiges wahrzunehmen. Die vier vorgestellten Familien- und Lebenszusammenhänge sprechen uns an in der Frage nach einer zukünftigen, notwendigerweise hochdifferenzierten, NS-Erinnerungskultur mit diversen, unterschiedlichen Bewältigungsformen auch im Kontext von „Gefühlserbschaften“ als Nachwirkungen des Nationalsozialismus für die Nachkommen. In allen vier Familienerinnerungen sind unterschiedliche Spuren des NS-Zivilisationsbruchs deutlich erkennbar. Ich hoffe, dass durch die Auseinandersetzung mit der Nach-Wirkungsgeschichte des Nationalsozialismus und deren Kommunikation Brücken in den Täter-Opfer-Familiengedächtnissen aufgebaut werden.

Ist so etwas möglich? Ja, durch Dialog und Austausch der Kinder der Kriegsgeneration als Versöhnung ohne Vergebung – denn Versöhnungsangebote können nur von den Opfern kommen: Gottfried Wagner[45] und Abraham Peck[46], Erben von Tätern und Opfern des Holocaust, gingen gemeinsam zur Gedenkstätte des NS-Massenvernichtungslagers Auschwitz und schrieben mit ihren unterschiedlichen Erfahrungen gemeinsam das Buch „Unsere Stunde Null“ (2006). Abraham Peck stellt die Gemeinsamkeit als notwendig für eine Versöhnung dar:

> „Ich glaube, dass unsere beiden zweiten Generationen, die Kinder der Überlebenden und ihre deutschen Zeitgenossen sich im Dialog

---

45 Gottfried Wagners Großmutter, Winifred Wagner, war Nationalsozialistin seit 1922, Hitler-Verehrerin der ersten Stunde und blieb dies bis zu ihrem Tod 1980. Bayreuth war Brutstätte des Antisemitismus schon lange vor dem Machantritt Hitlers. Von 1936 bis zu seinem letzten Bayreuth-Besuch 1940 bewohnte Hitler als persönlicher Freund Winifred Wagners jährlich zur Festspielzeit das Siegfried-Wagner-Haus, einen Anbau an Haus Wahnfried.

46 Abraham Peck, der Sohn eines Vaters, der nach einem Leidensweg durch zahlreiche NS-Lager zum Skelett abgemagert und dem Tode nahe von sowjetischen Soldaten in Theresienstadt befreit wurde, und einer Mutter, die nach Ghetto, Auschwitz und dem KZ-Flossenbürg von US-Truppen in Böhmen befreit wurde. Beide überlebte als einzige Mitglieder zweier großer Familien den NS-Völkermord an den Juden.

vertiefen müssen, in der Auseinandersetzung mit unseren Verlusten und mit unserer Geschichte, weil wir für immer die Belastung und das Vermächtnis des Holocaust teilen werden“ (vgl. Peck 2016, Landsberger 2016).

5. Erinnerungskultur als Erinnerungsarbeit für die Zukunft

1967 schrieben Margarete und Alexander Mitscherlich in ihrem Buch „Die Unfähigkeit zu trauern“:

> „Der Krieg ging verloren. So gewaltig der Berg der Trümmer war, den er hinterließ, es läßt sich nicht verleugnen, dass wir trotzdem diese Tatsache nicht voll ins Bewußtsein dringen ließen. Mit dem Wiedererstarken unseres politischen Einflusses und unserer Wirtschaftskraft meldet sich jetzt mehr und mehr unbehindert eine Phantasie über das Geschehene. In etwas vergröberter Formulierung ließe sich sagen, dass durch die Verleugnung der Geschehnisse im Dritten Reich deren Folgen nicht anerkannt werden sollen“ (Mitscherlich 2020, 14).

Aktuell lesen wir im Interview mit Alexander Nachamer über das Familiengedächtnis der dritten Generation, dass seine Mitschüler_innen etwa in den 1990er Jahren bei der Ankündigung eines Besuchs in der Gedenkstätte eines KZ-Besuchs mit „Ach, schon wieder das“ (von Treuenfeld 2020, 160) reagierten. Und ich erfahre immer wieder auch dieselben Reaktionen von Schüler_innen bei Vorbereitungen zu einem Besuch einer KZ-Gedenkstätte. Prototypisch in dieser Reaktion bei den jungen Menschen ist hierbei der etwas verlegene Augenaufschlag mit Blick nach oben.[47] Was sagt uns das?

Eine Bankrotterklärung der NS-Erinnerungskultur? Nein! Wenn wir die kritischen Gedanken der Mitscherlichs und die

---

47 Allerdings: Der Nationalsozialismus und der Zweite Weltkrieg sind laut der aktuellen MEMO-Jugendstudie für Jugendliche und junge Erwachsene zentrale Referenzpunkte in der Erinnerungskultur Deutschlands. Dies geht aus dieser empirischen Jugendstudie des Instituts für interdisziplinäre Konflikt- und Gewaltforschung (IKG) der Universität Bielefeld hervor. Die Befragung wurde von der Stiftung Erinnerung, Verantwortung und Zukunft (EVZ) gefördert. 63 % der jungen Erwachsenen, aber nur 53 % im Durchschnitt aller Altersgruppen, geben an, sich intensiv mit dem Nationalsozialismus auseinandergesetzt zu haben (vgl. MEMO-Jugendstudie 2023).

hilflose Geste der Schüler_innen zusammen sehen, dann sagt das uns, dass das Gedenken an die Opfer des Nationalsozialismus und die Mahnung „Nie wieder“ bis zum heutigen Tag ein fragiles Geschichtsbewusstsein in den persönlichen Relevanzstrukturen der Bevölkerung haben.

Wenn die Wirkmächtigkeit des NS-Terrorregimes von 1933 bis 1945 auch heute noch – wie in den vorausgegangenen Kapiteln aufgezeigt wurde – weiter deutlich aufspürbar ist, dann sagt uns das: Gestern ist auch morgen!

Der „neue“ Antisemitismus und die bittere Tatsache, dass immer weniger Zeitzeugen der NS-Diktatur für die alltägliche Gedenk-, Mahn- und Aufklärungsarbeit zur Verfügung stehen, sind zwei gewichtige Anlässe, grundsätzlich über die Gestaltung des Gedenkens und der Erinnerung weiter und gegebenenfalls auch neu nachzudenken. Berücksichtigt werden sollte hierbei ebenso der demografische Wandel (z.B. Migrationsgesellschaft) wie das zunehmende Desinteresse (Selbstzufriedenheit) in der Bevölkerung gegenüber der weiteren Aufarbeitung des NS-Zivilisationsbruchs.

Die NS-Vergangenheitsvergegenwärtigung als Mahnung für die Zukunft steht damit an einem Wendepunkt. Ein Jahr nach der Befreiung Deutschlands vom Faschismus hatte der Philosoph Karl Jaspers in seinen Vorlesungen zur Schuldfrage eine tiefgreifende Änderung des Diskursverhaltens gefordert:

> „Deutschland kann nur wieder zu sich kommen, wenn wir Deutschen in der Kommunikation zueinander finden […]. Wir wollen lernen, miteinander zu reden. Das heißt, wir wollen nicht nur unsere Meinung wiederholen, sondern hören, was der andere denkt. Wir wollen nicht nur behaupten, sondern im Zusammenhang nachdenken, auf Gründe hören, bereit bleiben, zu neuen Einsichten zu kommen“ (Jaspers 2012, 15).

Jaspers Lektion forderte eine „schonungslose Ehrlichkeit“ der Deutschen für diesen Läuterungsprozess. Angesichts der aktuellen Konfliktlinien zum Pro und Contra der NS-Erinnerungskultur müssen wir heute wohl feststellen, dass auch Jaspers Forderung bisher unerfüllt geblieben ist. Notwendig ist eine Perspektiverweiterung für eine zukunftsfähige Auseinandersetzung mit den unfassbaren Menschheitsverbrechen des NS-Faschismus – ohne Schlussstrichnarrativ. Verschiedene neuere Publikationen und Diskussionen geben Anregungen für diese erinnerungskulturelle Arbeitsaufgabe.

Aleida Assmann in ihrem Buch „Das neue Unbehagen an der Erinnerungskultur“ (2020) und Per Leo in seinem Buch „Tränen ohne Trauer“ (2021) arbeiten schwerpunktmäßig im Thema NS-Erinnerungskultur und stimmen überein in der Überzeugung, dass der Bildungsauftrag der NS-Erinnerungskultur ein essenzieller Auftrag war, ist und bleiben wird.

Assmann plädiert dabei für ein „dialogisches Erinnern“ im europäischen Kontext, das

> „eine besondere Chance in einem Staatenverbund wie Europa [hat, H.F.]: hier könnte es in Zukunft stärker darum gehen, durch Formen gegenseitiger Annäherung und der Anerkennung des dem anderen zugefügten Leids die monologischen Schranken der nationalen Gedächtnisse durchlässiger zu machen und durch differenziertere und komplexere Gedächtniskonstruktionen die transnationale Integration zu stärken“ (Assmann 2020, 202).

Der europäischen Bildung komme hierbei die Aufgabe zu, ein Verständnis für die Traumata der Nachbarn, „insbesondere derjenigen, die man selbst verursacht hat“, zu fördern (ebd., 203). Assmann sieht in einer kontinuierlichen Praxis dialogischen Erinnerns herausragende Möglichkeiten, auf der Grundlage eines gemeinsamen Wissens, wechselseitiger Anerkennung und „wechselseitige[r] Täter- und Opferkonstellationen in einer geteilten traumatischen Gewaltgeschichte“ (ebd., 199), eine gegenseitige Akzeptanz nationaler Geschichtsbilder zu generieren.

Leo sieht die Dringlichkeit des Bildungsauftrags weniger in der europäischen, mehr in der historischen Dimension. Er trägt vor, dass der „historische Horizont inzwischen so stark geweitet ist, dass die transnationale Weltgeschichte zu einem Paradigma der europäischen Geschichtswissenschaft geworden ist“ (Leo 2021, 26). Diese Perspektive schließt die „theoriegeleitete Kritik des Postkolonialismus“ in die Erinnerungsarbeit ein und erzeugt Vielfalt. Damit zielt er auf eine Erinnerungs- und Rekonstruktionsarbeit, die den Völkermord an den europäischen Juden nicht „als quasi-metaphysisches Geschehen jenseits der Geschichte“ begreift, sondern auch dessen Vorgeschichte in ihren Facettierungen – inklusive Kolonialismus– reflektiert. Das bedeutet für ihn: „Erst im Rahmen einer Genozidforschung, die kontextualisierend *und* vergleichend vorgeht, kann die Leerformel von der ‚Singularität' der Einsicht in die *Spezifik* des Holocaust weichen" (ebd., 221; Hervorh. i. Orig.). Er geht davon aus, dass die gesamte deutsche Geschichte des Antisemitismus in den Fokus zu stellen ist:

> „Wir können zum Beispiel die Gründe, die Dynamik und die Geschichte des europäischen und insbesondere des deutschen Antisemitismus erforschen, um uns vor Wiederholungen zu feien" (ebd., 195).

Leos Forderung nach einer Vertiefung der „Historisierung des Nationalsozialismus" (ebd., 97) ist meines Erachtens in der Diskussion der NS-Erinnerungsarbeit unbedingt aufzugreifen.

Assmann übt Kritik an der vorherrschenden Erinnerungsarbeit als „monologisches Erinnern" (Assmann 2020, 199). Leos Kritik kann irritieren, wenn er z.B. „Auschwitz und Namibia" (Leo 2021, 25) vergleichend analysieren will. Ich teile die Kritik beider an ritualisierten, zeremoniellen, formelhaften Inszenierungen der Erinnerungskultur. Und: Assmann und Leo fordern eine Einbindung aktueller, rassistischer und antisemitischer Ereignisse bzw. Entwicklungen in die NS-Erinnerungsarbeit. Sie thematisieren hierfür beispielhaft die NSU-Mordserie, den Anschlag auf die Synagoge von Halle und die Ermordung Walter Lübckes (Leo 2021, 239; Assmann 2020, 139) als gegenwärtige rechtsradikale und antisemitische Terrorakte in Deutschland. Einig sind sie sich auch in ihrer Kritik an der deutschen Erinnerungskultur bezogen auf die „(Selbst-)Befriedung" im Zusammenhang mit der Übereinkunft der meisten Deutschen, Hitlers Opfer gewesen zu sein (Assmann 2020, 92; Leo 2021, 152). Das ist für Assmann und Leo gegenüber den millionenhaft Ermordeten eine unerträgliche Anmaßung, eine Abwehr gegen jede Verantwortungsübernahme. Die Täter-Opfer-Umkehr bzw. Selbstviktimisierung beschreibt Assmann als „eine komfortable moralische Position, weil sie sich als ein Abwehrschirm gegen jede Mitverantwortung an historischen oder neuen Verbrechen einsetzen lässt" (Assmann 2020, 148). Leo kritisiert, wie bereits weiter oben zitiert, dass sich „das Geschichtsbewusstsein der meisten Deutschen im Wohlfühlquadrat von Täterdämonisierung, Opferidentifikation, Demokratiestolz und Ambivalenzabwehr bequem eingerichtet" (Leo 2021, 236) hat. Dieser Deutungsrahmen „macht das deutsche Gewissen ebenso selbstgerecht wie manipulierbar“ (ebd., 231).

Etwa seit 2013, mit der Feier- und Jubiläumsveranstaltung in Washington D.C. zum 20. Jahrestag der Eröffnung des United States Holocaust Memorial Museum (USHMM), wurde die Universalität des Holocaust als Singularität – insbesondere primär entfaltet in West-Europa und US-Amerika – endgültig „beschlossen“ und „besiegelt“. In Kritik daran entwickelte sich zunehmend die Opposition aus der Postkolonialismusforschung und -bewegung. Jacob S. Eder schreibt über das „Besiegelungs“-Ereignis:

> „Der Holocaust hatte sich zum Symbol für Massenverbrechen und Genozid entwickelt, zu einer Metapher für Barbarei und die Verletzung von Menschenrechten, und aus dem Schicksal der Juden war ein universell anerkannter Referenzpunkt auch für die Opfer anderer Massenverbrechen geworden“ (Eder 2020, 309).

Postkolonialistische Theorien und Opfergedenken lehnen das Alleinstellungsmerkmal des Holocaust für Zivilisationsbrüche ab und fordern einen Erinnerungsansatz, der Holocaust und Kolonialismus als vergleichbar achtet. Langsam dreht sich der Wind. Spätestens seit der französische Präsident Emmanuel Macron sich im November 2017 in Ouagadougou, der Hauptstadt von Burkina Faso, für die Verbrechen des Kolonialismus entschuldigte und eine Rückgabe der geraubten afrikanischen Kunst ankündigte, ist die postkolonialistische Bewegung aktiver geworden.

Ein führender Vertreter in der Kolonialismus- und zugleich der Holocaustforschung ist der Historiker Michael Rothberg. Er plädiert für den Ansatz der „multidirektionalen Erinnerung“:

> „Dabei ist multidirektionale Erinnerung, wie der Begriff bereits besagt, keine Einbahnstraße; ihre Erkundung erfordert einen komparativen Ansatz […]. Multidirektionale Erinnerung hat […] zwei Hauptanliegen. Erstens versuche ich, die Geschichte der Holocaust-Erinnerung als eine fortlaufende dialogische Interaktion mit Geschichten und Erinnerungen an Kolonialismus, Sklaverei, Rassismus und Dekolonialisierung neu zu erzählen. Zweitens schlage ich einen neuen Weg, kollektives Gedächtnis ganz allgemein zu konzeptualisieren, vor, indem ich grundlegende Annahmen des Feldes überdenke – insbesondere die verbreitete Annahme einer li-

nearen Beziehung zwischen Erinnerung und Identität und die Nullsummenlogik der Knappheit“ (Rothberg 2021, 16).

Die Position von Rothberg zielt nicht auf eine Relativierung von deutscher Schuld und Verantwortung. Rothberg fordert vielmehr, dass auch das durch den Kolonialismus verursachte Leid Anerkennung finden soll, dass auch Holocaust und Kolonialismus historisch vergleichend für eine weltweite Erinnerungskultur erschlossen werden sollen. Felix Axster, wissenschaftlicher Mitarbeiter am Zentrum für Antisemitismusforschung der Technischen Universität Berlin, und Jana König, ebenfalls Antisemitismusforscherin und Mitglied des Autorinnenkollektivs Loukanikos, schreiben:

> „Rothbergs Vorschlag scheint geeignet zu sein, eine Art Rahmen für den Prozess der Diversifizierung von Erinnerungskultur und -politik abzugeben oder zumindest im Sinne einer ethischen Prämierung als Orientierung zu dienen, wobei nicht nur Empathie und Solidarität (statt Konkurrenz) als Maßstab gelten, sondern auch Differenzierung (statt Gleichsetzung)“ (Axster/König 2021, 374).

Es ist ein Streit entbrannt zwischen den Vertretern der Singularitäts- und Universalitätsthese (zu den Holocaust-Gräueltaten) einerseits und den Vertretern der multidirektionalen Erinnerung (mit der Vergleichsoption zwischen den Gräueltaten im Holocaust und den Gräueltaten im Kolonialismus) andererseits. Der Antisemitismus- und Rechtsextremismusforscher Samuel Salzborn versteht seine Position als unversöhnliche Antipode zum Ansatz des multikulturellen Erinnerns, des vergleichenden Holocaust- und Kolonialismusgedenkens, dem er Nähe zum Geschichtsrevisionismus vorwirft. Der postmoderne Antiuniversalismus diene, so Salzborn, „vor allem dazu […] die Shoah auszublenden, zu relativieren und moralisch zu instrumentalisieren“ (Salzborn 2020, 109). Salzborn sieht seine Kritik am Antiuniversalismus im Kontext seiner Kritik an der Konstruktion eines „kollektiven deutschen Opfermythos“ (ebd., 83): „Ziel der Debatten um einen deutschen Opferstatus war und ist es, Deutsche generell als Opfer des Nationalsozialismus darzustellen“ (ebd., 89).

Charlotte Wiedemann bemüht sich mit ihrer Publikation „Den Schmerz der anderen begreifen“ (2022) um einen Brückenbau zwischen diesen gegensätzlichen Positionen. Sie plädiert mit ihrem Buch – in dem der Titel gleichsam Programm ist – für ein „Erinnern als Widerstand gegen das Vergessen", ein Erinnern an alle Opfer von Gewalttaten, Massenvernichtungen und Genoziden. Ihre Schlüsselfrage lautet „Was steuert Empathie"? (Wiedemann 2022, 10) Sie plädiert für eine Universalisierung von Erinnern, Trauer und Empathie. Wiedemann hat in ihrer Funktion als Publizistin und Auslandskorrespondentin mehr als 30 Länder bereist. In ihrem Buch zeigt sie Verbindungslinien zwischen den in der jüngeren Menschheitsgeschichte stattgefundenen Massakern, Gräueltaten und Genoziden auf allen Erdteilen (vgl. Friebel 2022c).

Wiedemann, 1954 geboren, zur ersten Nachkriegsgeneration gehörend, erfuhr das bleierne Beschweigen der NS-Zeit – „die väterliche NSDAP-Mitgliedschaft inbegriffen" (Wiedemann 2022, 12). In ihrem Buch plädiert sie für eine neue Erinnerungskultur:

> „Wir müssen unsere Haltung zur deutschen Geschichte aus einer kosmopolitischen Perspektive neu begründen. […] Ein Erinnern für eine Zukunft, die Zugehörigkeit in Diversität erlaubt und damit lebendige Gegenrede ist zum Wahn von Homogenität, Nationalismus und Aussonderung" (ebd., 9).

Ein besonderes Augenmerk richtet Wiedemann auf die europäische Selbstbezogenheit sowie auf die Verwobenheit zwischen Kolonial- und NS-Verbrechen Deutschlands. Damit thematisiert sie auch die „Kluft zwischen weißer und schwarzer Erinnerung" (ebd., 156).

> „Die Zurückhaltung eines Teils der Öffentlichkeit, Holocaust und koloniale Verbrechen in gedankliche und moralisch-ethische Beziehungen zueinander zu bringen, deklamiert sich selbst als ethisch doppelt gut: als Ausdruck einer fürsorglichen Aufmerksamkeit für Juden und Jüdinnen und als Anrufungszeichen, am Judenmord nichts zu relativieren. [Aber:, H.F.] Gedenkkultur ist keine Barrikade, um sich dahinter zu verschanzen, und gerade Deutschen steht ein Besitzanspruch auf die richtige Interpretation der Shoah nicht gut zu Gesicht" (ebd., 175).

Wiedemann sucht Antworten auf die Frage nach der Perspektivität des Antifaschismus heute. Es gelingt ihr dabei eine Blickerweiterung gegenüber unserer weißen, europäischen Partikularität. Die Autorin berichtet in ihrer Publikation über Gewaltexzesse, Massenvernichtungen und Gedenkaktivitäten in Europa, Asien und Afrika. Zwei Beispiele:

Etwa eine Million Menschen wurden zwischen 1880 und 1919 in Afrika Opfer des deutschen kaiserlichen Kolonialismus. Dessen Spuren wurden in Vergessenheit gebracht, wie in Tansania (1905–1907):

> „Dörfer wurden dem Erdboden gleichgemacht, Felder abgebrannt, Vorräte vernichtet, Brunnen vergiftet. [...] Die meisten Opfer dieses Krieges wurden nicht erschossen, sie verhungerten. Das Vorgehen der Kolonialmacht war von einer ins Irrationale reichenden Vernichtungswut gekennzeichnet“ (ebd., 153).

Wiedemann folgert wegen dieser nie aufgearbeiteten Kolonialverbrechen Deutschlands, dass offensichtlich ein Bewusstsein für die deutsche Zuständigkeit fehlte: „Da koloniale Täterschaft als solche nicht empfunden wurde, gab es auch kein Schuldgefühl, das verdrängt werden musste“ (ebd., 165).

Im Baltikum gibt es, wie Wiedemann feststellt, ein vielgestaltiges Gedenken an die grausamen Massenvernichtungen durch das „Dritte Reich“ und durch die Sowjetunion. Aber: Es steht „eine erinnerungspolitische Mauer zwischen West- und Osteuropa, zwischen den Ländern mit und ohne kommunistische Erfahrung“ (ebd., 117). Erinnerung ist eminent politisch. So wird häufig die Grausamkeit der NS-Gewalt antistalinistisch codiert: „Der Mord an den einheimischen Juden wird quasi überblendet von einer mythischen Geschichte vom nationalen Widerstand gegen sowjetische Fremdherrschaft“ (ebd., 126). Welcher Schmerz zählt? Was steuert Empathie? Wiedemanns Antwort hierzu:

> „Vergleiche sind oft schief, auch dieser ist es: dass sich im Baltikum die Erinnerung an die Shoah so von der Seite an die vorherrschende Stalinismus-Gedenkkultur heranschieben muss, wie sich im Westen die Erinnerung an koloniale Opfer einen Platz neben der dominierenden Holocaust-Gedenkkultur sucht. Auch schiefe Vergleiche haben Fingerzeige“ (ebd., 148).

Wiedemann zeigt auf, dass alle Massenvernichtungen in ihrer jeweiligen Historie einmalig sind und das Gedenken daran nicht in Konkurrenz zueinander stehen soll.

Bald 80 Jahre nach dem Ende des Zweiten Weltkriegs gibt es immer weniger noch lebende Zeitzeugen des NS-Zivilisationsbruchs. Was bedeutet das für die Erinnerungskultur? Kriegskinder und Kriegsenkel sollten sich in den erinnerungskulturellen Diskurs verstärkt selbst einbringen! Charlotte Wiedemann berichtet in diesem Kontext von einer einzigartigen Verschränkung der politischen mit der persönlichen Ebene im öffentlichen Raum:

> „Im Frühjahr 1997 ereignete sich im Bundestag ein seltener Moment der Intimität. Als im Plenarsaal über die Wanderausstellung „Verbrechen der Wehrmacht" gestritten wurde, begannen einzelne Abgeordnete plötzlich und ungeplant über Familiäres zu sprechen. Die Grüne Christa Nickels, Jahrgang 1952, eine Krankenschwester mit langem dunklem Haar und weicher rheinisch geprägter Sprechweise trat an eines der Mikrofone, an denen nur kurze Interventionen erlaubt sind. Sie sprach lange, niemand unterbrach sie, im Saal war es still. Sie sprach über ihren Vater und wie sie allmählich die Bedeutung der schwarzen SS-Uniform auf einem Foto begriffen habe und wie sie dann nie in der Lage war, den Vater darauf anzusprechen. ‚Ich liebe ihn'" (Wiedemann 2022, 265).

Kriegskinder und Kriegsenkel können im Lebensalltag und zu besonderen Anlässen zu Multiplikator_innen der NS-Erinnerung werden: Indem ich mich empathisch meiner (Familien-) Geschichte in entgegenkommenden Lernmilieus im Austausch mit anderen zuwende, entdecke und verstehe ich mich selbst. Kriegsenkel Matthias Lohre beschreibt das so:

> „In Geschichten erklären wir einander und uns selbst permanent, wer wir sind. Das gilt für Gespräche zwischen Therapeuten und Klienten ebenso wie die zwischen Alten und Jungen, Eltern und Kindern, Großeltern und Enkeln" (Lohre 2016, 252).

Ich folge meinen vorstehenden Überlegungen zur Erinnerungskultur mit einer ergänzenden Öffnungsperspektive für die persönliche Erinnerungsarbeit zwischen dem feierlichen zeremoniellen Gedenken (z.B. Bundestag) einerseits und den zivilgesellschaftlichen Aktivitäten (z.B. VVN-BdA) andererseits.[48] Ich

---

48 Auch Gedenkstättenarbeit für die Opfer des Nationalsozialismus erinnert an Ausgrenzung, Entrechtung und Vernichtung in den Jah-

gehe davon aus, dass NS-Erinnerungsarbeit nur dann nachhaltig ist bzw. sein kann, wenn (Mit-)Verantwortung für den deutschen NS-Arisierungswahn übernommen wird. Verantwortungsübernahme bekommt aber erst dann eine Chance, wenn eine Identifizierung mit universellen Werten (z.B. Menschenrechte) und/oder eine Anteilnahme für die Opfer (z.B. Jüdinnen und Juden) stattfindet. Dies kann/muss/soll gelernt werden (also methodisch) – durch Erinnerungsarbeit, wie sie beispielhaft beschrieben wird in den Konzepten von Marina Chernivsky („Intervisionsgruppe") und Robert Hamm („kollektives Erinnern").

Robert Hamm, Sozialwissenschaftler an der Universität Maynooth, formuliert das Ziel des Konzepts „kollektive Erinnerung" folgendermaßen: Es ermöglicht „ein Bewusstsein vom eigenen Geworden sein im gesellschaftlichen Rahmen [...]. Ein wichtiger Aspekt ist dabei das Aufdecken von sprachlichen Verschleierungen" (Hamm 2021, 139). Ein zentraler Aspekt der diskursiven Beschäftigung auch mit dem NS-Zivilisationsbruch stellt Selbstreflexion dar. Die kollektive Erinnerungsarbeit holt das Subjekt in den Mittelpunkt der Reflexionsprozesse. Die Methode wurde ursprünglich von der Sozialpsychologin Frigga Haug in verschiedenen Frauenforen während der 1970er und 1980er Jahre entwickelt. Inzwischen wird sie in vielfältigen, akademischen und nicht-akademischen, Foren und Projekten rund um den Globus angewendet. Haugs Ansatz zielt darauf ab, durch interaktives forschendes Lernen

> „die Linien von Bedeutungskonstruktionen, denen wir in unserer je eigenen Praxis folgen, bewusst zu machen – und damit neue Sichtweisen zu ermöglichen, die sich schließlich in erneuerte, erweiterte (Ver-)Handlungsfähigkeit übersetzen" (ebd., 32).

Kollektive Erinnerungsarbeit beginnt immer mit einer „Leitfrage" zu einer bestimmten Problematik (ebd., 10). Ich verdeutliche das Vorgehen anhand eines fiktiven Problem-Beispiels: Je-

---

ren der NS-Diktatur. Sie dokumentiert die Leiden der Menschen, die während der nationalsozialistischen Herrschaft antisemitischer, rassischer oder politischer Verfolgung ausgesetzt waren. Diesen wichtigen Themenbereich habe ich in meinem Essay nicht besonders hervorgehoben. Zur Einführung in dieses Thema empfehle ich den Artikel von Gryglewski (2010).

des Mal, wenn ich mit meinen Großeltern über das Thema Nationalsozialismus sprechen will, folgt betretenes Schweigen. Was danach kommt, ist Abwehr. Warum ist das so? Das Thema der Erinnerungsarbeit könnte also lauten: Meine Großeltern im Nationalsozialismus. In der nächsten Stufe schreibt jedes Gruppenmitglied einen eigenen kurzen Erinnerungstext zum Thema. Die anschließend gemeinsame Analyse der geschriebenen Texte ist das Herzstück der kollektiven Erinnerungsarbeit. Die Stärke der gemeinsamen Arbeit ist der interaktive Prozess, der thematisch bezogen ist auf die historisch vorgefundenen gesellschaftlichen Zusammenhänge. Die Gruppe erschließt sich Sagbarkeitsregeln und Bedeutungskonstruktionen. Mit der Analyse von Erinnerungsszenen entdeckt die Gruppe Stereotypen, Widerständigkeiten bzw. Verweigerungen der Verantwortungsübernahme. Es werden neue Reflexions- und Handlungsstrategien gegen diese Abwehr erarbeitet und angeeignet. Diese (Selbst-)Reflexion über „eine Beschäftigung mit den eigenen Familien-Geschichten“ (ebd., 140) in der Gruppe kann zu neuen Möglichkeiten im Kontext der Vergangenheitsvergegenwärtigung führen.

Marina Chernivsky formuliert als Ziel der „Intervisionsgruppe“ in der NS-Erinnerungsgruppenarbeit: „Es geht schließlich darum, zu erkennen, dass man Teil der Geschichte ist, die man auch anders weiter erzählen kann“ (Chernivsky 2018, 161). Chernivsky berichtet über eine durchgeführte Intervisionsgruppenarbeit mit 10 Sitzungen:

> „Methodisch-didaktisch folgte die Intervisionsgruppe der Prämisse einer dialogischen Selbstbefragung und kreierte mittels Transaktionsanalyse einen geschützten Raum für biografische und narrative Reflexion. Mit dem theoretischen Rahmenkonzept des Post-Memory baute der narrative Ansatz Brücken zwischen vergangenem, vergessenem und neuem Wissen und verhalf auf diese Weise der Annäherung an die zum Teil irritierenden Inhalte. Über angeleitete Erzählungen konnten die Geschichten der Einzelnen buchstäblich in der Mitte des Raums platziert werden“ (ebd., 156).

Der Wunsch zu verstehen, in welchem Verhältnis wir zur Vergangenheit stehen, wie diese Vergangenheit uns heute prägt und welche Rolle die Vergangenheit in der Arbeit an diesen Themen und im Umgang mit anderen Menschen spielt, ist die Prämisse des Erinnerungsprojekts als Erfahrungs- und Resonanzraum.

Nicht vorrangig die Zeit des Nationalsozialismus steht hierbei im Mittelpunkt, sondern seine Wirkungsgeschichte für die Identität und das Selbstverständnis der gegenwärtigen Generationen in der Auseinandersetzung mit der NS-Familiengeschichte.

Als Ergebnis einer Intervision resümiert Chernivsky:

> „Die individual-biographischen Verstrickungen verbanden sich eindrücklich mit dem Diskurs um die kollektiven und im Raum immer noch innewohnenden *Gefühlsbotschaften* sowie Perspektiven der vorangegangenen Generationen" (ebd., 159; Hervorh. i. Orig.).

Ihr Ansatz zielt darauf ab, dass die „Beschwiegenheiten" und Loyalitätskonflikte „besprechbar" gemacht werden (ebd.). Chernivsky beklagt schließlich, dass die Aufarbeitung des Nationalsozialismus bzw. des Holocaust häufig zur Routine geworden ist und damit „ohne den erforderlichen Selbstbezug vollzogen wird. Dringlich notwendig ist eine andere Erinnerung, welche sich von reflexartigen Identifizierungen befreit und kritische Positionen – auch hinsichtlich der eigenen Familiengeschichte – anregt" (ebd., 162).

Die beiden Ansätze bieten detailreiche Hilfen über das „Wer?", „Was?", „Wann?" und „Wie?" der „kollektiven Erinnerungsarbeit" und der „Intervisionsgruppe". Es geht insbesondere um autobiografische Reflexionen im familienbiografischen Kontext. Ich freue mich, wenn ich Leser_innen mit meinem Essay zu einer erinnerungskulturellen Gruppenarbeit motivieren kann. Gerne berate und/oder begleite ich diese Arbeit.

6. Anhänge

A: Gleichschaltung: Treffen mit Verbündeten nach der Machtübernahme

03.02.1933: Treffen von Reichskanzler Adolf Hitler mit der Führung der Reichswehr. Rede Hitlers in vier Punkten:

- „Völlige Umkehrung der gegenwärtigen, innenpolitischen Zustände in Deutschland […]. Beseitigung des Krebsschadens der Demokratie"
- „Kampf gegen Versailles"
- „Wirtschaft. Der Bauer muss gerettet werden. Siedlungspolitik. Lebensraum für deutsches Volk zu klein"
- „Aufbau der Wehrmacht. Wichtigste Voraussetzung für Erreichen des Ziels: Wiedererringung der politischen Macht" (vgl. Kaden/ Nesler 1993).

20.02.1933: Treffen Reichskanzler Hitler mit führenden Vertretern des Finanzkapitals und der Industrie: Einrichtung eines Wahlkampffonds für NSDAP und Deutsch-Nationale Volkspartei; z.B. Spende von IG Farben am 20.02.1933: 400.000 Reichsmark (entspricht 1.600.000 €) (vgl. Czchon 1967).

20.07.1933: Reichskonkordat zwischen dem Deutschen Reich und dem Vatikan. Gleichzeitig eine der ersten diplomatischen Anerkennungen des Deutschen Reichs (vgl. Besier 2004).

Juni 1933: Unterstützt durch die Nationalsozialisten gewannen die evangelischen „Deutschen Christen" die reichsweiten Kirchenwahlen mit einer Zweidrittelmehrheit. In vielen Landeskirchen und Gremien besetzten die Deutschen Christen Führungspositionen. Im November 1933 hetzten sie auf einer Kundgebung im Berliner Sportpalast gegen das aus ihrer Sicht „verjudete" Alte Testament (vgl. Bertsch 2014).

B: Ex-Nazi-Seilschaften in der Bundesrepublik bis Mitte der 60er Jahre. Bleierne Epoche der Nachkriegszeit[49]

Reinhard Gehlen

NS-Zeit: NS-Wehrmachtsgeneral im Generalstab des Heeres, Abteilung Fremde Heere Ost.

BRD-Zeit: Leiter des Bundesnachrichtendienstes.

Hans Globke

NS-Zeit: Juristischer Kommentar zu den NS-Rassengesetzen 1936.

BRD- Zeit: Rechte Hand des Bundeskanzlers Konrad Adenauer, Staatssekretär im Bundeskanzleramt (vgl. Lommatzsch 2003).

Gehlen und Globke kooperierten miteinander (im wahnhaften Antikommunismus) während der NS-Zeit einerseits und in der BRD-Nachkriegszeit andererseits. Beide waren im politischen Raum äußerst einflussreiche Personen während der NS-Zeit und in der BRD-Nachkriegszeit. Sie pflegten in der BRD weitere intensive Kontakte zu alten NS-„Kameraden"

- z.B.: zu Alois Brunner, der sich gerühmt hatte, als Mitarbeiter Adolf Eichmanns („Endlösung der Judenfrage") die Stadt Wien „Judenfrei" gemacht zu haben.

---

49 In einer sozialwissenschaftlich bemerkenswerten Einleitung zu der Publikation „Der halbierte Rechtsstaat" problematisieren Claudia Fröhlich und Sonja Begalke die Integration von zigtausend NS-Tätern in die frühe Phase der Bundesrepublik Deutschland (Fröhlich/Begalke 2015). Die Gesamtpublikation dokumentiert Forschungsergebnisse des 2012 an der Universität Hannover durchgeführten Symposiums mit dem Titel „Rechtsstaatliche Demokratie und Erbschaft des Nationalsozialismus in der frühen Bundesrepublik" (Begalke u.a., 2015).

- Auf Vermittlung von Gehlen lieferten alte NS-Kameraden Bauteile für Raketen 1963 an Ägypten. Der ägyptische Staatspräsident drohte damals, Israel zu vernichten (vgl. Weingardt 2004).

Albert Speer

NS-Zeit: Reichsminister für Rüstung und Kriegsproduktion im Kabinett Hitler.

BRD-Zeit: Nach Gefangenschaft Publizist. Dank eines Unterstützerkreises von ehemaligen Nazis und nationalkonservativen Presseleuten wurde er als der „saubere NS-Deutsche" aufgebaut (s. hierzu im Essay Kapitel 3).

Wolfgang Fränkel

NS-Zeit: Seit 1938 Leitender Staatsanwalt bei der Reichsanwaltschaft, Steuerung der faschistischen Terrorjustiz in Strafgerichten und Sondergerichten. Ein „Rassenschande"-Spezialist.

Fränkel-Schwur auf Adolf Hitler (1934):

> „Ich werde dem Führer des Deutschen Reiches und Volkes, Adolf Hitler, treu und gehorsam sein, die Gesetze beachten und meine Amtspflichten gewissenhaft erfüllen, so wahr mir Gotte helfe".

BRD-Zeit: Wiederbeschäftigung bei den Kieler Justizbehörden.

Seit 1962: Generalstaatsanwalt – Oberster Ankläger der BRD

Fränkel-Schwur auf das Grundgesetz (1951):

> „Ich schwöre, das Grundgesetz für die Bundesrepublik Deutschland und alle in der Bundesrepublik Deutschland geltenden Gesetze zu wahren und meinen Amtspflichten gewissenhaft zu erfüllen, so wahr mir Gott helfe".

O-Ton Fränkel bei den Beratungen des Entwurfs zum neuen westdeutschen Strafgesetzbuch:

> „Unter dem Wohl der Bundesrepublik verstehe ich das, was die Jeweilige im Staate herrschende Gruppe als dem Wohl des Staates dienlich bezeichnet" (vgl. Vereinigung 1983).

Heinz Trettner

NS-Zeit: Seit 1937 Generalstabsoffizier der Legion Condor: Wehrmachtsüberfall auf die Republik Spanien im Bürgerkrieg für den Putschisten Franco.

BRD-Zeit: 1956 Generalleutnant der Bundeswehr. 1964 Generalinspekteur der Bundeswehr.[50]

O-Ton Trettner:

> „Es dürfte heute erwiesen sein, dass der Krieg gegen die Sowjetunion – anders als in der Umerziehungspropaganda behauptet – in erster Linie ein nur schweren Herzens begonnener, aufgezwungener Präventivkrieg war".

Friedrich Flick

NS-Zeit: Reichster deutscher Unternehmer in der Stahl- und Kohleindustrie. Rüstungsfabrikant.

Seit 1933 bekam er NS-Aufträge für den Bau von Flugzeugen, Bomben, Granaten und Munition. Größter Rüstungsfabrikant des „Dritten Reichs". In seinen Waffenfabriken kamen tausende Zwangsarbeiter aus Konzentrationslagern zu Tode. Er wurde bei der Enteignung jüdischer Unternehmen vom NS-Staat massiv begünstigt. Flick war Mitglied des Reichsverteidigungsrats und Mitglied im Freundeskreis von Reichsführer SS Heinrich Himmler.

BRD-Zeit: reichster Deutscher Unternehmer in der Stahl- und Kohleindustrie. Rüstungsfabrikant.

1947 zu siebenjähriger Haftstrafe wegen Förderung des NS-Staates verurteilt. 1950 vorzeitige Entlassung. O-Ton Flick:

> „Ich habe die Organe des Nationalsozialismus weder für meine wirtschaftliche Entwicklung noch für mein Vermögen gebraucht".

Flick machte nach dem Krieg dasselbe wie vorher in der NS-Diktatur. Bundeskanzler Adenauer attestierte Flick: „ein großes

50 Der Generalinspekteur ist der ranghöchste Soldat der Bundeswehr.

und staunenswertes Lebenswerk“. Bundesverdienstkreuz mit Stern und Schulterblatt. Großzügige illegale Spenden an CDU, FDP, SPD. (vgl. Kilz 1984)

Hans Filbinger

NS-Zeit: Filbinger hatte gegen Kriegsende als NS-Militärjurist noch an mehreren Todesurteilen mitgewirkt. Die Hinrichtung des 22-jährigen Matrosen Walter Gröger (wegen Vorbereitung seiner Fahnenflucht) wurde im März 1945 von Filbinger selbst mit beaufsichtigt.

BRD-Zeit: Ministerpräsident von Baden-Württemberg von 1966 bis 1978.

Filbinger schätzte seine NS-Justiz-Entscheidungen als Ministerpräsident von Baden-Württemberg genauso ein wie im Jahre 1945 vor der Befreiung. O-Ton Filbinger zu seiner Verteidigung: „Was damals Rechtens war, das kann heute nicht Unrecht sein“.

Offenkundig verfügte der baden-württembergische Ministerpräsident, wie der Sozialdemokrat Erhard Eppler es in den 1970er Jahren sarkastisch ausdrückte, über ein „pathologisch gutes Gewissen". Filbinger musste 1978 nach der Veröffentlichung von Dokumenten (durch den Schriftsteller Rolf Hochhuth) über seine Tätigkeit als NS-Marinerichter im Zweiten Weltkrieg als Ministerpräsident zurücktreten.

2007 ehrte der damalige Ministerpräsident von Baden-Württemberg, Günter Oettinger die Lebensleistung des verstorbenen Filbinger, seines Amtsvorgängers, auf einer Trauerfeier. Er sprach sich dafür aus, Filbinger zu rehabilitieren. Der Schriftsteller Ralph Giordano kommentierte diese Trauerrede Oettingers: Filbinger, der gesagt habe, „was damals Rechtens war, das kann heute nicht Unrecht sein, Absolution zu erteilen“, halte er für eine „nicht für möglich gehaltene Ungeheuerlichkeit“. Wer so etwas sage, „steht nicht auf dem Boden des Grundgesetzes der Bundesrepublik Deutschland und gehört nicht auf den Sessel eines Ministerpräsidenten“. Giordano führte weiter aus, „dass dieser Mann Filbinger vielfach überführt ist, teilgenommen zu haben an Todesstrafen, und was das Schlimmste dabei ist, selbst an einer, die noch nach der Kapitulation des NS-Staates ausgesprochen wurde“.

Filbinger wurde nicht rehabilitiert. Oettinger trat nicht zurück.

C: BRD 1968: Demokratisierungssignale

„Unter den Talaren – Muff von 1000 Jahren“ war der Text eines Transparents, das am 9. November 1967 in der Universität Hamburg von den damaligen Studierenden bei der Rektoratsübergabe in der Öffentlichkeit enthüllt wurde. Das dabei entstandene Pressefoto wurde vielfach abgedruckt, und der Text des Transparents bis in die Gegenwart als eine der wesentlichen Kernparolen der Deutschen Studentenbewegung der 1960er Jahre oft zitiert.

Der gereimte Slogan „Unter den Talaren – Muff von 1000 Jahren“ spielt kritisch auf die NS-Diktatur zwischen 1933 und 1945 an, die in der NS-Propaganda auch als „1000-jähriges Reich“

bezeichnet wurde. Die Studenten protestierten damit gegen die, in ihren Augen ausgebliebene, Aufarbeitung der Verbrechen des „Dritten Reiches“ in der westdeutschen Nachkriegsgesellschaft sowie gegen – mit dem stellvertretenden Begriff „Talare“ sinnbildlich ausgedrückte – elitäre Strukturen und überholte fragwürdige Traditionslinien der Universitätspolitik. Gefordert wurden deren Demokratisierung und die Mitbestimmung der Studentenschaft.

Die meisten der anwesenden Ordinarien fühlten sich durch die plakative Inszenierung geradezu persönlich gekränkt. Dass diese „Muff“-Kritik jedoch berechtigt war, verdeutlichte die Reaktion des Professors Bertold Spuler, der den Studierenden beim Verlassen des Hörsaals zurief, dass sie alle ins KZ gehörten (vgl. Digitales 2023).

7. Literaturverzeichnis

Amtmann, Debora (2019), o.T., in: Missy Magazine, 5.9.2019.

Arbeitsstelle Holocaust Literatur (2022), Friedrich Kellner, Gießen.

Arendt, Hannah (1986), Gleichschaltung und „Euthanasie", München.

Auerbach, Hellmuth (1992), Opfer der nationalsozialistischen Gewaltherrschaft, in: Benz, Wolfgang (Hrsg.), Legenden, Lügen, Vorurteile. Ein Wörterbuch zur Zeitgeschichte, München.

Axster, Felix/König, Jana (2021), Nachwort, Multidirektionalität in Deutschland, in: Rothberg, Michael (2021), Multidirektionale Erinnerung, Berlin.

Beer, Frank/Roth, Markus (Hrsg.) (2021), Von der letzten Zerstörung, Berlin.

Begalke, Sonja u.a. (Hrsg.) (2015), Der halbierte Rechtsstaat, Baden Baden.

Bendikowski, Tillmann (2022), Hitlerwetter, München.

Benz, Wolfgang (1998), Vernichtung als politische Kategorie im Denken des 20. Jahrhunderts, in: Dabag, Mihran/Platt, Kristin (Hrsg.), Genozid und Moderne, Wiesbaden.

Bertsch, Matthias, Hitler spaltete deutsche Christen, Köln.

Besier, Gerhard/Piombo, Francesca (2004), Der Heilige Stuhl und Hitler-Deutschland: Die Faszination des Totalitären, München.

Brandt, Willy (1989), Erinnerungen, Frankfurt a. M.

Brechtken, Magnus (2017), Albert Speer. Eine deutsche Karriere, München.

Braune, Paul Gerhard (1940), Erinnerungen. Manuskript 1940.

Bronfenbrenner, Urie (1986), Recent Advances in Research on the Ecology of Human Development, in: Silbereisen, Rainer K./Eyferth, Klaus/Rudinger, Georg: Development as Action in Context – Problem Behaviour and Normal Youth Development. Berlin, S. 287–310.

Bundespräsidialamt (1985), Bundespräsident Richard von Weizsäcker bei der Gedenkveranstaltung im Plenarsaal des Deutschen Bundestages zum 40. Jahrestag des Endes des Zweiten Weltkrieges in Europa am 8. Mai 1985 in Bonn. Internetlink: 150202-RvW-Rede-8-Mai-1985.pdf (bundespraesident.de)

Bundeszentrale für politische Bildung (bpb) (2020), Vor 50 Jahren – Unterzeichnung des Warschauer Vertrags, Bonn.

Bundeszentrale für politische Bildung (bpb) (2020a), Vor 55 Jahren: Urteil im Frankfurter Auschwitz-Prozess, 14.08.2020, Bonn.

Bundeszentrale für politische Bildung (bpb) (2022), Bevölkerung mit Migrationshintergrund, Bonn.
Cantow, Jan (2012), Pastor Paul Gerhard Braune, Berlin.
Chernivsky, Marina (2016), Zwischen Generationen, in: Zentralwohlfahrtsstelle der Juden in Deutschland (Hrsg.) (2016), Gefühlserbschaften im Umbruch, Frankfurt a. M.
Conze, Eckart/Frei, Norbert/Hayes, Peter/Zimmermann, Moshe (2010), Das Amt und die Vergangenheit, München.
Czchon, Eberhard (1967), Wer verhalf Hitler zur Macht?, Köln.
Dasel, Jürgen (2022), Publikum, 26.1.2022.
Der Spiegel (1970), Kniefall. Angemessen oder übertrieben? Hamburg 51/1970.
Deutschkron, Inge (2018), Auschwitz war nur ein Wort, Berlin.
Deutschlandfunk (2023), Evangelische Theologin Elisabeth Schmitz, 02.01.2023.
Digitales Hamburger Geschichtsbuch (2023).
Diner, Dan (2000), Beyond the Conceivable: Studies on Germany, Nazism, and the Holocaust, Berkeley.
Eder, Jacob S. (2020), Holocaust-Angst, Göttingen.
Feuchert, Sascha u.a. (2011), Vernebelt, verdunkelt sind alle Hirne, Göttingen.
Fischer, Gottfried/Riedesser Peter (2020), Lehrbuch der Psychotraumatologie, München.
Fischer, Torben/Lorenz Matthias N. (Hrsg.) (2007), Lexikon der Vergangenheitsbewältigung in Deutschland, Bielefeld.
Freud, Sigmund (1913), Totem und Tabu, Wien.
Friebel, Harry (2022a), Michael A. Meyer: Leo Baeck. Rabbiner in bedrängter Zeit, in: Medaon, 16, 31, S.1-4 (online unter https://wblikw(in2022.medaon.de/pdf/medaon_31_friebel.pdf).
Friebel, Harry (2022b). Gratwanderungen, in: ANTIFA-Zeitschrift S. 34-35.
Friebel, Harry (2022c), Für einen Brückenschlag, in ANTIFA-Zeitschrift, S. 29-30.
Friedrich, Christiane (2016), Mein Großvater, der Krieg und ich, in: Zentralwohlfahrtsstelle der Juden in Deutschland (Hrsg.), Frankfurt a.M.
Fröhlich, Claudia/Begalke, Sonja (2015), Zeitgeschichte und Aufarbeitung der NS-Vergangenheit oder: Der halbierte Rechtsstaat, in: Begalke, Sonja u.a. (Hrsg.) (2015), Der halbierte Rechtsstaat, Baden Baden.
Fuchs, Petra u.a. (2014), „Das Vergessen der Vernichtung ist Teil der Vernichtung selbst“, Göttingen.
Gailus, Manfred (2010), Mir aber zerriss es das Herz, Göttingen.

Gravenhorst, Lerke u.a. (2020), Fatale Männlichkeiten – Kollusive Weiblichkeiten, Hannover.
Greiner, Steffen (2022), Nach dem Anschlag, in TAZ, Berlin, 13.10. 2022.
Gryglewski, Elke (2010), Gedenkstättenarbeit zwischen Universalisierung und Historisierung, in: Bundeszentrale für Politische Bildung (bpb), 14.2010, Bonn.
Gupta, Oliver Das (2010), Hitlers Wurf im Hofbräuhaus, in: Süddeutsche Zeitung, München, 24.2.2010.
Hamm, Robert (2021), Kollektive Erinnerungsarbeit, Hamburg.
Hirsch, Marianne (2012) The Generation of Post-memory, New York.
Hirsch, Rolf D. (2015), Sie verfolgen mich noch heute. Auswirkungen von Kriegstraumata im Alter, in: Psychosoziale Umschau 2/2015.
Hitler, Adolf (1925), Mein Kampf, Erster Band: Eine Abrechnung, München.
Hoffmann, Christine (2022), Alles, was wir nicht erinnern, München.
IKI-RWI–Leibniz-Institut für Wirtschaftsforschung e.V. (2022), IKI, Essen.
Jaspers, Karl (2012), Die Schuldfrage, München.
Jähner, Harald (2021), Wolfszeit, Hamburg.
Kaden, Helma/Nestler, Ludwig (1993), Dokumente des Verbrechens: Aus den Akten des Dritten Reiches, Berlin.
Kain, Kathy L./Terrell, Stephen J. (2020), Bindung, Regulation und Resilienz, Paderborn.
Khyder, Abbas (2022), Der Erinnerungsfälscher, München.
Kilz, Hans Werner (1984), Flick: Die gekaufte Republik, Hamburg.
Klee, Ernst (2018), „Euthanasie“ im Dritten Reich, Frankfurt a.M.
Koropka, Joachim (1998), Clemens August von Galen, Menschenrechte – Widerstand – Euthanasie – Neubeginn, Münster.
Landsberger Zeitgeschichte (Hrsg.) (2016), Zwischen Verzweiflung und Wiedergeburt, Abraham J. Peck, Direktor of American Jewish Archives, über jüdische Überlebende im DP-Lager Landsberg.
Laplanche, J./Pontalis, J.-B. (1973), Das Vokabular der Psychoanalyse, Band 1, Frankfurt a.M.
Leo, Per (2021), Tränen ohne Trauer, Stuttgart.
Lohre, Matthias (2016), Das Erbe der Kriegsenkel, Gütersloh.
Lommatzsch, Eric (2003), Hans Globke und der Nationalsozialismus. Eine Skizze, in: Historisch-Politische Mitteilungen (HPM), Heft 10, Köln, S. 95-128.
Longerich, Peter (2023), NTV: Peter Longerich im Interview, 12.2.2023.
Lölhöffel, Helmut (2011), Süddeutsche Zeitung, München, 16.6.2011.
MEMO-Jugendstudie (2023), Berlin, Bielefeld.

Meyer, Michael A. (2021), Leo Baeck, Rabbiner in bedrängter Zeit, München.
Mitscherlich, Alexander/Mitscherlich, Margarete (2020), Die Unfähigkeit zu trauern, München/Berlin.
Mommsen, Hans (1966), Beamtentum im Dritten Reich. Mit ausgewählten Quellen zur nationalsozialistischen Beamtenpolitik, Stuttgart.
Multidimensionaler Erinnerungsmonitor (2022), Studie V, Berlin.
Müller, Birgit (2008), Erinnerungskultur in der DDR, in: Bundeszentrale für Politische Bildung (bpb) 26.8.2008
Neitzel, Sönke (2021), Deutsche Krieger, Berlin.
Niethammer, Lutz (1985), Lebenserfahrung und kollektives Gedächtnis, Frankfurt a.M.
Padover, Saul K. (1999), Lügendetektor, Vernehmungen im besiegten Deutschland 1944/1945, Frankfurt a.M.
Parsons, Talcott (1964), Beiträge zur Soziologischen Theorie, Neuwied.
Paull, Hermann (1939), Das Buch vom Mann, Berlin.
Perels, Joachim (2004), Entsorgung der NS-Herrschaft, Hannover.
Plötz, Alfred (1895), Grundlinien einer Rassenhygiene, Berlin.
Ristic, Matthias (2020), Hans Hofmeyer – Widersprüche eines Richters „von Format“ oder: ein Blick auf den Auschwitz-Prozess-Vorsitzenden im Lichte bislang unberücksichtigter Rechtsprechung. In: Kritische Justiz. Band 53, Nr.1.
Rothberg, Michael (2021), Multidirektionale Erinnerung, Berlin.
Salzborn, Samuel (2020), Kollektive Unschuld, Berlin/Leipzig.
Schneider, Ulrich (2023), 1933 – Der Weg ins Dritte Reich, Köln.
Schubert, Klaus/Klein, Martina (2020), Das Politlexikon, Bonn.
Senfft, Alexandra (2018), Der lange Schatten der Täter, München.
Sombart, Nicolaus (1997), Die deutschen Männer und ihre Feinde, Frankfurt a.M.
Surmann, Rolf (2021), Relativitätstheorie, in: Konkret 7/21, S. 18-20.
Statistisches Jahrbuch für das Dritte Reich (1939), Berlin.
SVR (2022), SVR-Integrationsbarometer.
Theweleit, Klaus (2020), Männerphantasien, Berlin.
Thöne, Eva (2018), Geschichte lässt sich nicht wegwischen, in: Der Spiegel, 2.6.2018.
Trus, Armin (1995), „…vom Leid erlösen“, Frankfurt a.M.
Ullrich, Volker (1996): Hitlers willige Vollstrecker – ein Buch, das neue historische Auseinandersetzungen provoziert. Die Zeit, 12. April 1996.

Vereinigung demokratischer Juristen Deutschlands (Hrsg.) (1983), „Wolfgang Fränkel, Von der Reichsanwaltschaft zur Bundesanwaltschaft“, Dokumentation.
Von Treuenfeld, Andrea (2020), Leben mit Auschwitz, Gütersloh.
Vuillard, Eric (2020) Die Tagesordnung, Berlin.
VVN-BdA (2022): 8. Mai – Tag der Befreiung. https://nrw.vvn-bda.de/2022/04/26/8-mai-2022-tag-der-befreiung-von-faschismus-und-krieg/
Wagner, Gottfried/Peck, Abraham (2006), Unsere Stunde Null, Deutsche und Juden nach 1945. Familiengeschichte, Holocaust und Neubeginn. Historische Memoiren, Böhlau Wien.
Weingardt, Markus A. (2004), Deutsche Israel- und Nahostpolitik. Geschichte einer Gratwanderung seit 1949, Frankfurt a. M.
Welzer, Harald/Moller, Sabine/Tschuggnall, Karoline (2005), Opa war kein Nazi, Frankfurt a. M.
Wiedemann, Charlotte (2022), Den Schmerz der anderen begreifen, Berlin.
Wikipedia (2022), T4. Euthanasie, eingesehen 22.12.2022. https://de.wikipedia.org/wiki/Aktion_T4
Wikipedia (2023), Widerstandskämpfer, eingesehen 22.03.2023. https://de.wikipedia.org/wiki/Widerstandsk%C3%A4mpfer
Zeit.de, Pressekommentar (2011), Holocaust-Prozess: Der Demjanjuk-Prozess https://www.zeit.de/gesellschaft/zeitgeschehen/2011-05/Demjanjuk-Urteil-Kommentarhinterlässt Beklommenheit, 15.12.2011.
Zentralwohlfahrtsstelle der Juden in Deutschland (Hrsg.) (2016), Gefühlserbschaften im Umbruch, Frankfurt a. M.